불상을 만든 염원 발원문 1

역자 도 해

동국대학교 대학원 선학과 수료
여수 달마사 주지
동국대학교 WISE캠퍼스 출강

편자 최 선 일

홍익대학교 대학원 미술사학과 졸업(文學博士)
동북아불교미술연구소 소장

감수 고 경

송광사 성보박물관 관장

윤문 수 안

건국대학교 국어국문학과 졸업(박사)
군포시립노인요양센터장

불상을 만든 염원 발원문 1

초판 인쇄   2024년 2월 20일
초판 발행   2024년 2월 29일
편   자 : 최선일
펴낸이 : 신학태
펴낸곳 : 도서출판 온샘
주   소 : 서울시 용산구 한강대로 62다길 30, 트라이곤 204호
전   화 : 02-6338-1608
팩   스 : 02-6455-1601
이메일 : book1608@naver.com
ISBN 979-11-92062-32-7 93220
값 40,000원

불교문헌총서 ❶

불상을 만든 염원
발원문 1

도 해 譯
최선일 編
고경 監修
수안 潤文

도서출판
온샘

축사

인간(人間)은 누구나 자신(自身)의 행복을 위해서 성공적인 삶을 꿈꾸며 하루하루를 살아갑니다. 남녀노소 지위 고하를 막론하고 우리가 이렇게 열심히 사는 것은 결국, 꿈을 성취하여 내일의 행복을 얻기 위함입니다. 우리 헌법에도 행복 추구권은 인간(人間) 삶의 기본권이라고 명시하고 있습니다. 인간은 본래부터 행복에 관심을 가지고 다양한 연구와 방법으로 행복을 추구해 왔습니다.

이 세상에서 추구하는 행복은 물질과 정신 두 가지입니다. 이 두 가지에서 가치의 무게 중심을 어디에 둘 것인지 선택해야 합니다. 이것은 모든 사람의 방향성으로 표현되기도 합니다. 물질도 정신도 현상계에서는 유한합니다. 정신이 진리가 되기 위해서는 그 유한성을 넘어 무한성을 체험해야 합니다. 무한성의 체험은 욕망과 상상으로 경험되지 않는 한계가 있습니다.

비록 그러하더라도 현실 세계에서 각자의 그 목적을 위해 더 나은 미래를 설계하고 그것을 이루기 위해 노력하는 삶은 더할 수 없이 소중한 경험입니다. 하지만 인생(人生)이란 내 소망대로만 되는 것은 없습니다. 때로는 좌절하고 포기하고 실패하기도 합니다. 그러나 우리는 그리스 신화의 시지푸스처럼 다시 일어나 새로운 희망을 품고 앞으로 나아갑니다. 이렇게 행과 불행이 교차하고 삶의 희비가 엇갈리게 되면 우리는 인생의 의미에 대해 다시 생각해 보게 됩니다.

그렇다면 진정한 행복과 성공은 무엇일까요? 인간의 행복에 대한 동양의 정의는 이렇습니다. 첫째는 수명이요, 둘째는 재물이요, 셋째는 평안이요, 넷째는 덕을 좋아함이요, 다섯째는 명(命)대로 살다가 죽는 것이라고 했습니다(『서경』「홍범편」).

부처님을 조성하고 각종 불사를 할 때 시주와 보시를 하는 것도 행복한 인생을 위한 것입니다. 각 사찰의 수많은 불상은 각자의 지극한 발원과 간절한 마음으로 이루진 불사입니다. 그런 마음을 담은 발원과 원력을 기록해서 부처님 복장에 안치하는 것은 불교의 오랜 전통입니다. 이러한 의식을 "복장의식", "복장발원의식"이라고 합니다. 이 기록물은 그 시대의 다양한 사실을 알려주는 역사적 가치성이 뛰어난 소중한 문화유산입니다.

"부처님 복장문" 번역에는 두 가지가 충족해야 합니다. 첫째는 견문과 학문이 광원(廣遠)해야 할 것이요. 둘째는 성심과 성의가 풍부해야 할 것입니다. 학문과 견문이 미약(微弱)하면 번역에 오역(誤譯)을 범(犯)하여 보는 사람에게 감탄(感歎)을 주지 못하고 비평(批評)을 받게 될 것이요, 둘째는 성의(誠意)와 신심(信心)이 미약(微弱)하면 보는 사람에게 감탄(感歎)을 주지 못하고 오히려 불신(不信)을 자아내고 또한 비평(批評)을 받게 될 것입니다.

활청당(闊淸堂) 도해 스님은 두 가지 모두 범(犯)하지 않고 성심과 성의가 심심(深甚)합니다. 그래서 보는 사람에게 감화(感化)를 주고 더 나아가서 금문(金文)처럼 여길 것입니다. 『화엄경』「중해운집송」(『華嚴經』「衆海雲集頌」)에서 말씀하였습니다.

"가히 부처님 경전(經典)을 머리에 이고 억겁 동안 경행(經行)하고 몸(身)을 펼쳐서 삼천세계(三千世界)에 두루 덮을지라도 부처님 법음(法音)을 전달

(傳達)해서 후래(後來) 중생(衆生)들에게 규감(規監) 됨이 없으면 부처님 은덕(恩德)에 보답하는 것이 없다."

　이제 활청당 도해스님은 난해(難解)한 "복장문"을 번역해서 후래(後來)의 중생들께 지표(指標)가 되고, 또 규감이 되고자 하니 대단히 기쁘고 즐거운 일입니다. "복장문" 번역은 후세에 선사(先師) 님(任)들의 노고에 깊은 감사를 표하는 일입니다.
　역사적으로도 많은 지표(指標)가 될 것이라 믿으며 축하를 하는 바입니다.

2024년 2월 21일　傳講法師　雲山 在禪

축 사

    여수 달마사 도해 주지스님이 "발원문(發願文)"과 관련된 자료들을 섭렵한 결과물을 서책(書冊)으로 묶어 많은 이들의 전통문화유산 기록물에 대한 이해 증장에 큰 도움을 주고자 한 불사(佛事)가 원만하게 회향된 것을 축하드립니다.

    경전에서는 중생의 지위에서 처음으로 발심한 수행자가 스스로 원대한 수행목표를 세우고 불과(佛果)인 보리(菩提)를 증득하려는 서원을 발원(發願)이라 하는데 일반적으로는 어떤 일의 성취를 맹세하고 소망하는 결의문들을 모두 발원문(發願文)이라 통칭하곤 합니다. 수행자가 보리를 득(得)하고 중생을 교화·제도하고자 시작된 발원문이 세속의 중생들이 선(善)을 닦고 복(福)을 짓고자 하는 자신의 마음을 담아 그 취지의 전후를 자세하게 기록하면서 발원문(發願文)은 불심(佛心)과 불사(佛事)의 모든 과정을 확인할 수 있는 성보문화유산(聖寶文化遺産)으로서 상징적인 지위를 가지게 되었습니다. 하지만 이렇게 소중한 전래의 기록도 일반인들이 접근하기에는 문자의 벽이 너무 높았는데 도해스님이 큰 원력심으로 누구나 쉽게 이해할 수 있는 글로 풀어서 역사적 이해를 폭넓게 가져다 주는 개안(開眼)을 선사하니 "공양미 삼백석에 눈을 뜨게 된 심봉사의 마음이 이러할까" 라는 놀라움과 공경심을 가지게 되었습니다. 더불어 최선일 동북아불교미술연구소장이 옥고(玉稿)를 잘 다듬고 송광사 박물관장이신 고경스님의 감수와 수안스님의 윤문이 함께 어우러지니 도해스님의 "발원문"이 더욱 빛을 발하지 않나 생각합니다.

    또한 도해스님은 동국대 박사과정을 수료한 석학으로서 지난 2022년 1월에 백파긍선, 석전영호, 운기성운, 재선운산 스님으로 이어지는 강맥을 전수하기도 했습니다. 현재는 사)동북아불교미술연구소 연구위원으로서 성보유물의 각종 기록들을 정리하는 작업에 매진하여 〈덕숭총림 수덕사 본말사 문헌집〉, 〈고성 연화산 옥천사 사적기〉, 〈문헌 속 울진 불영사 문헌집〉 등 10여 권의 저서를 발간한 종단의 소중한 동량지재(棟梁之材)입니다. 앞으로도 계속 이어질 도해스님의 정진이 쉼 없기를 축원드리며 금번 불사의 인연이 만세(萬世)의 선연공덕(善緣功德)으로 회향되어 시방세계의 만생명이 모두 청안청락(淸安淸樂)하기를 기도하겠습니다.

대한불교조계종 제19교구본사 화엄사 주지 草岩德門 합장

【목 차】

행복을 위한 발원

도 해

1. 의도와 의지

모든 생명에게는 본연의 의도가 있다. 첫째는 생존 본능인 먹으려는 의도이다. 둘째는 행복하려고 하는 의도이다. 생존 의도에는 먹는 것, 싸는 것, 잠자는 것 등이 모두 포함된다. 생존 의도만 있는 것을 짐승 본능, 또는 짐승 의도라고 한다. 짐승 의도는 탐·진·치에 의한 일체의 욕망과 즐거움을 포함한다. 짐승 의도의 행복은 육체적 쾌락에 한정되어 있다. 예를들어 보자. "배가 고플 때 먹어서 배부르면 행복하다. 배가 부르면 배설하면 행복하다. 남들이 칭찬하면 행복하다. 남들이 떠받들면 행복하다. 피곤할 때 쉬거나 자고 일어나면 행복하다. 돈으로 사람을 부리고 굽신거리면 행복하다." 이런 행복들은 모두 육체에 의한 감각적인 쾌락의 종류에 불과하다. 감각적인 쾌락은 모두 욕망에 의한 느낌들일 뿐이다. 욕망의 감각적 느낌들은 자아가 있거나 실체가 있는 것은 아니다. 욕망의 즐거운 느낌들에 의한 행복은 순간이다. 계속해서 반복되는 괴로움을 동반한다. 즐거운 느낌들을 충족시키지 않으면 몸이 끊임없이 그것을 요구하기 때문에 일생을 육체의 노예가 되어 살 수밖에 없다. 욕망의 즐거운 느낌을 만족시키는 길은 영원히 없다. 사람은 욕망에 의한 쾌락을 추구하면서도 생사의 고통을 벗어난 행복을 추구하는 양면성을 지녔다.

불교에서는 의도를 대단히 중요시한다. 인간의 기본적인 본능적인 생존의도나 진정한 행복을 얻으려고 하는 것도 의도이다. 그러므로 의도가 없는 생명은 없다. 그 의도에 따라 고통의 행복과 진정한 행복의 결과가 나닌다. 삶과 죽음도 각자의 의도가 결정한다. 의도는 각자의 마음이다. 마음이 올바르고, 올바른 방향을 잡으면, 그 과정도 올바르게 되고 그 결과도 올바르다. 불교에서 말하는 의도는 행복을 전제로 하는 것이다. 행복하려면 자신을 어떻게 알아야 하는가. 자신의 몸과 마음이 욕망에 의한 고통 속에 있는지 모른다는 사실을 자각해야 한다. 몸도 마음도 마음대로 할 수 없어서 고통스럽다는 사실도 자각해야 한다. 이렇게 사실적으로 자신에 대한 자각이 있을 때 그것에 대한 반성과 벗어나고자 하는 마음이 일어난다. 그러면 의도는 의지로 바뀌어 방향을 스스로 결정하는 힘이 생긴다. 행복을 위한 의도도 저절로 일어나는 것이 아니다. 의도도 그런데 확신과 믿음이 저절로 생기겠는가.

2. 확신과 믿음

의도에서 그것을 실현해야겠다는 마음이 일어나려면, 행복하게 된다는 확신의 경험이 축적되어야 한다. 확신은 믿음의 다른 말이다. "반드시 그 방법을 따르면 행복해진다는 경험, 행복을 얻을 수 있다는 경험"이 반복적으로 일어나야 한다. 그러면 확신은 믿음으로 전환된다. 이러한 확신은 각자의 경험을 토대로 형성되기 때문에, 사람의 수 만큼 다양하고 심층적인 차이도 다양할 수밖에 없다. 첫째는 자신의 타고난 업식, 가정적 환경, 사회적 환경, 지적 수준, 친구들의 환경 등에 의해 좌우되기도 한다. 둘째는 진리를 성취한 사람을 통한 확신, 진리를 성취한 사람의 가르침에 대한 확신, 그 가르침에 대한 충분한 사유에 대한 확신, 그 가르침의 실질적인 방법에 대한 확신, 그 실질적인 방법에 대한 실습을 통한 체험의 확신이다.

행복에 대한 확신과 믿음은 인간의 욕망과 상상으로 생기지는 않는다. 오욕락의 행복은 한계가 있고 고통과 슬픔을 동반하기 때문이다. 오욕락의 행복은 고통으로부터 벗어나는 것이 아니라 고통을 더욱 가중 시키는 방법이다. 또 육도 윤회로부터 벗어나는 방법은 더더욱 아니다. 영원한 행복에 대한 확신과 믿음은 고통과 윤회로부터 벗어난 해탈에 대한 확신이다. 이런 확신과 믿음에 의해 보리심에 대한 마음이 일어난다. 보리심은 발보리심에 대한 줄임말이다. 고통과 윤회로부터 해탈하겠다는 마음을 일으켰다는 뜻이다. 줄여서 발심이라고도 한다. 보리심을 일으켰다는 말은 반드시 행복을 깨닫고 얻겠다는 희망찬 확신에 대한 마음이다.

『열반경』에서 말한다. "큰 신심은 불성이요, 불성은 여래이다." 큰 신심은 훌륭한 뜻이고 불성은 마음이다. 큰 신심은 확신에 의한 일으킨 마음이고, 불성의 작용에 의한 마음이고, 그 마음은 여래라는 결과를 가져온다는 말이다. 부처가 되고자 하는 훌륭한 믿음을 일으킨 것은 부처님이 실현하신 것을 보고 일으킨 마음이다. 이런 마음이 자신의 여래를 보게 하는 원동력이고 해탈해서 행복을 얻는 근본이 된다. 그러므로 확신과 믿음이 없으면 반드시 해탈하겠다는 마음이 생길 수 없다.

『잡아함경』에서 말한다. "믿음이 도의 근원이요. 생사를 건너는 뗏목이다. 믿음이 없는 길은 마치 밑 빠진 독에 물 붓기와 같고, 모래 위에 집을 짓는 것과 같다." 확신에 의한 믿음은 행복이라는 결과를 얻게 한다. 이 행복이 불교의 궁극적인 목적이다.

3. 발보리심과 발서원

내가 해탈하겠다는 간절한 마음을 확실하게 일으켰을 때가 발보리심이다. 이 마음은 개인의 안락만을 위한 마음이 아니다. 아뇩다라삼먁삼보리를 일으킨 마음이다. 이 마음을 서원 즉 큰마음으로 구하는 서원(大心要誓

願)이라고 한다. 부처가 되고자 부처님의 서원을 본받아서 발 보리심과 큰 서원을 일으켰기 때문에 개인 만을 위한 욕망이 아니라 '나도 이롭고 남도 이로운 자비심'이다. 자비심이 없는 해탈을 부처님은 "메마른 지혜(乾慧)"라고 하였다. 지혜만 구하는 것은 '해탈만 구하는 것'이고, '고통받는 중생'을 배려하는 마음이 없기 때문이다.

"생명 있는 모든 것은 반드시 고뇌가 없는 영원한 평안에 들게 하겠다는 큰 서원을 세워야 한다(금강경).", "부처님이 발심 수도한 후 아승기겁 이래 대서원을 일으켰다(대지도론 56)."고 하였다. 이러한 부처님을 큰 발원은 중생(보살)이 발심한 후 부처가 되기 위해 닦아야 하는 기간과 같다. 모든 중생은 생사윤회를 하면서 몇 생을 거듭하는지 알지 못한다. 윤회의 거듭남은 나고 죽는 과정이 몇 번인지 기억할 수 없고 알지도 못하는 거듭이다. 그 시작도 알 수 없는 생을 사는 것을 반복하고 중첩된 삶(衆生)이라고 한다. 그 윤회하는 삶 속에서 한 생 동안 하나의 성격이나 생각을 죽기 전에 고친 적이 있는가를 생각해 보라.

윤회는 매우 개인적이다. 개인적인 생사의 고통이며, 윤회는 반복하는 자신의 고통이다. 이 지극히 개인적인 고통의 연결고리와 원인을 바로 보고 사유해서 벗어난 삶을 살자는 것에서 불교가 시작되었다. 불교의 목적은 고통의 원인을 제거해서 행복 하자는 것이다. 생사와 윤회의 고통에서 해탈하면 열반이다. 열반은 우리말로 행복이라는 뜻이다. 고통에서 영원히 해탈하면 영원한 행복만 있다.

행복은 순간적으로 이루어지지 않는다. 윤회의 거듭으로 현재의 내가 형성되었다. 행복하려면 억겁 동안 나를 형성하였던 재료들을 하나하나 제거해나가는 노력과 시간이 필요하다. 그것을 제거해나가는 것을 수행이라고 말한다. 수행도 올바른 방법이 있다. 부처님이 가르친 말씀을 잘 배워야 하고, 말씀하신 수행방법에 따라 올바르게 수행해야 한다. 그러면 행복에 대한 확신과 믿음이 견고해지면서 발보리심과 발서원이 더욱 간절하게 일어난다. 보리심과 굳은 의지가 강해질수록 보리심도 커지고 서원의 힘도 커진다. 이 보리심과 서원의 힘으로 해탈과 열반을 얻는다. 나와 남에게 모두에게 유익한 행복이다. 이런 행복을 위한 근원적인 발원이 "여래십대발원문"이다.

제가 삼악도에서 영원히 벗어나기를 발원합니다.
제가 탐진치 삼독을 영원히 끊기를 발원합니다.
제가 불법승 삼보의 말씀 항상 듣기를 발원합니다.
제가 계정혜 삼학을 부지런히 닦기를 발원합니다.
제가 모든 부처님 따라 항상 배우기를 발원합니다.
제가 보리심에서 후퇴하지를 않기를 발원합니다.
제가 극락세계에 반드시 태어나기를 발원합니다.
제가 아미타불을 속히 친견하기를 발원합니다.
제가 우주 법계에 항상 나타내기를 발원합니다.
제가 일체중생을 모두 해탈시키기를 발원합니다.

4. 수행과 지혜

자신이 일으킨 마음인 의도를 확립하고, 확신과 믿음이 자리 잡고, 발보리심과 발서원이 분명하게 일어나면, 수행과 지혜를 위한 기반이 마련된 것이다. 이런 상태의 마음이 자연스럽게 끊임없이 이어지면 해탈을 위한 교리와 수행을 배우고 익힌다. 공부할 때에는 잊지 않도록 간절하게 정신을 집중해야 하고, 쉬는 시간에도 교리와 수행에 대하여 깊은 사유로 긍

정할 때까지 사색한다.

수행은 해탈을 위한 양식인 교리와 수행방법을 자신의 몸과 마음에 살아있도록 구현시키는 것이다. 자신에게 살아있지 않은 교리와 수행은 지식에 불과하다. 생명력을 잃어버린 교리와 수행방법은 아무리 공을 들여도 효과나 결과를 기대할 수 없다. 얻어지는 이익과 결과가 없으면 자신을 변화시킬 수 없다. 자신을 변화시킬 수 없는 수행은 해탈이라는 지혜가 개발되지 않는다. 자신의 반복되는 고통을 끊을 수 없다면 수행은 존재할 수 없다. 적어도 현실과 윤회의 고통에 대한 해탈을 말하는 불교로서는 당연한 것이다.

세상에도 제일 중요한 덕목을 꼽으라면 누구나 "인간다운 인간"을 말한다. 세상에서도 그렇지만 불교의 행복한 사람이 되거나 행복한 사람이 되기 위한 수행을 하려면, 정말로 정말로 "사람다운 사람"이 아니라면 수행을 할 수 없다는 사실이다. 수행을 위한 마음가짐에 대해서 『화엄경』은 말한다. "정직한 마음, 부드러운 마음, 참을성 있는 마음, 억제하는 마음, 고요한 마음, 선한 마음, 번뇌하지 않는 마음, 미련을 남기지 않는 마음, 넓은 마음, 큰마음을 낸다."
진실로 그렇다. 행복을 얻으려는 수행자가 탐욕심, 성냄, 어리석음, 원한의 마음, 시기 질투, 교만한 마음 등이 있으면 공부와 수행 자체를 할 수 없다. 안타깝지만 사실이 그렇다. 세상에서도 일상생활을 하면서 성공하며 살기가 어렵지만, 행복을 얻으려는 수행은 위의 열 가지 마음을 항상 집중해서 유지해야 한다.

행복을 얻기 어렵다고 자포자기하여 오욕락으로 스스로 들어갈 일은 아니다. 부처님은 행복을 얻는 방법으로 네 가지를 말하고 있다. 첫째 보시,

둘째 지계, 셋째 사마타, 넷째 위파사나이다. 여기에 한 가지를 덧붙이자면 『승만경』의 승만 왕비를 위한 염불이 있다. 어느 것 하나 쉬운 것은 없지만, 희망을 내고 용기를 가지고 노력해야 한다. 『사가라위경』에서는 말한다. "사람이 닦지 않으면 그것은 마치 뿌리 없는 나무와 같다. 인생은 이와 같아서 무상한 인생은 찰나 사이에 흘러간다. 그러므로 부지런히 닦아서 저 불멸의 세계로 나아가라."

5. 발원문의 구성과 작성방법

발원문의 시원은 모든 경전의 첫머리에서 찾아볼 수 있다. 모든 경전의 결집은 육성취(六成就)로 이루어져 있다. 육성취는 첫째 믿음 성취, 둘째 들음 성취, 셋째 어느 때 성취, 넷째 누가 성취, 다섯째 어느 곳 성취, 여섯째 누구랑이다. 한역 형식으로는 "如是我聞 一時 佛 在舍衛國 祇樹給孤獨園 與大比丘衆"이다. 번역하면 "나는 이와 같이 들었다. 어느 때 부처님께서 사위국의 기원정사에서 1,250명의 대중과 같이 있을 때 말씀하신 것"이 된다. 여시의 믿음 성취는 뒤의 오성취의 포함하는 믿을 수 있는 것을 말한다. 아문은 내가 들었다. 일시는 어느 때, 불은 부처님, 사위국은 나라, 기수급고독원은 기원정사, 대중은 함께 부처님 말씀을 들은 대중이다.

이 육성취의 원리는 육하원칙으로 발전하여 현재로 굳어졌다. 육하원칙을 쓴 사람은 인도 뭄바이에서 태어나 영국에서 대학을 마치고 작가로 활동한 조지프 키플링(1865~1936)이다. 『정글북』의 작가로 유명한데 『코끼리 아이』라는 동화에서 처음 사용하였다. 육하원칙은 누가, 언제, 어디서, 무엇을, 어떻게, 왜의 내용으로 되어 있는데 육성취와 거의 같음을 알 수 있다.

발원문의 작성도 이 육성취나 육하원칙의 원리가 적용하지만, 순서의

변동이 있다.

첫째, 시간 – 년 월 일 시를 적는다.

둘째, 장소 – 나라, 주소, 산, 사찰명을 적는다.

셋째, 주 – 누가, 어떤 스님, 어떤 신도가 주도하여

넷째, 연유 – 이유, 원인, 무엇을 위해

다섯째, 어떻게 – 불사의 경영, 과정

여섯째, 발원문 – 불사 후기, 동참 인명

모든 불사의 복장 발원문, 상량문, 판각기 등의 기록은 위와 같은 원칙이 있다. 그리고 그 시대적 상황에 따라 많은 차이를 보인다. 그러나 기록은 아주 중요한 역사적 사실이다. 전통과 문화를 위해서도 올바른 불사의 기록을 남기는 것을 염원하며 부처님 복장 발원문을 번역하였다.

번역 작업을 할 수 있었던 것은 몇 분의 지대한 공덕으로 가능하였다. 첫째는 사)동북아불교미술연구소 최선일 소장의 광대한 자료의 수집과 정리 덕분이었다. 둘째는 21교구 본사 송광사의 박물관장으로 계시는 고경 스님의 자료의 정확한 판독 덕분이었다. 셋째는 군포시립 노인요양센터장으로 계신 수안 스님이 글을 매끄럽게 다듬어 주신 덕분이다. 이 지면을 통하여 세 분께 삼배의 예를 올립니다.

부처님 복장 발원문을 번역하고 출판을 위하여 영광스러운 축사를 해주신 제19교구 본사 지리산 대화엄사 교구장이신 초암당 덕문 큰스님과 전강 스승이신 운산당 재선 큰스님께 감사의 삼배를 올립니다.

여수 달마사 활청당에서 부처님께 향을 사르고 예배를 드린 후에 도해가 쓰다.

I. 17세기 전반

1. 1605년 3월–5월 논산 쌍계사 소조석가여래삼불좌상 조성발원문

萬曆三十三年乙巳季春三月 日欲成佛像慈發衲子靈觀
敬請良工起于手作過夏而孟秋七月敬造訖功晦日安于雙
溪寺二層敬禮造成願文開錄于后因玆奉祝
聖壽無窮亦願各各結願隨喜助緣施主等現增福壽超登覺岸
願以此功德　普及於一切　我等與衆生　皆共成佛道

만력 33년 을사 늦은 봄[季春] 3월 일

　불상을 조성하려고 자비심을 일으킨 영관(靈觀) 납자가 훌륭한 장인을 청하며 일을 시작하였습니다. 손수 만드느라 여름이 지나서 맹추인 7월에 삼가 조성을 마치고, 그믐날 쌍계사 2층 전각에 봉안하였습니다.
　조성발원문을 적은 후 공경히 예배드리고, 이러한 인연을 봉축하였습니다.

　임금님께서 오래 사시기를 기원합니다.

　또 각각 발원합니다. 이 법회가 끝나면 기쁘게 도와주고 시주한 인연들이 현생에서는 복과 수명이 증장하고, 깨달음의 세계에 올라가시기를 발원합니다.

　원컨대 이 공덕을 일체에 널리 회향하오니 나와 중생들이 다 같이 부처가 되기를 발원합니다.

萬曆三十三年乙巳季春三月 日欲成佛像慈嚴衲子靈觀

敬請良工起手作過夏而孟秋七月敬造訖功晦日安于難

溪寺二層敬禮造成願文開録于后因頌奉祝

聖壽無窮亦願各各結願隨喜助緣施主等現增福壽起登覺岸

願以此功德　善及於一切　我等與眾生　皆共成佛道

佛像造成大施主　莫非　兩

佛像造成大施主　宋蘭　兩

希象造成大施主　郡又之

2. 1605년 8월-11월 완주 위봉사 북암 목조보살입상(4위) 조성발원문

山人仅菴發大誓願廻見名山甲午之間到於北庵丁酉之歲
本寺兵火盡脊佛殿與諸閣忽作藤蘿之田菴時有觀之每
念空在於奇山好基又餘人皆勸言佪而立於法堂再三勸之不得
已辛丑元月始於法堂次年收莊兼佛像三尊已畢又次年
靈山会幀及別殿兼丹青悉皆終畢上於北庵人皆見者曰於是
作補處千萬可也懇以勸之不道其言乙巳八月始於文殊普賢
觀音地藏等尊像又畵相藥師会彌陀会地藏幀十王各幀等造
成十一月已畢慶讚云亦
願以此功德 普及於一切 我等與衆生 皆共成佛道
萬曆三十三年歲次乙巳十一月日記

산인(山人)[1] 의암이 큰 서원을 일으켜 명산을 돌아보던 중, 갑오(1594년)에 북암에 도착하였습니다. 북암은 정유재란(1597년) 때 병화로 불전과 모든 각 전각들이 전소하였습니다. 등나무밭으로 변한 그곳을 바라보고 있으면, 항상 마음 속에 산의 기운이 기이하고 터가 아주 좋았습니다.

사람들에게 주저 없이 권선을 말하고, 법당을 세워야 함을 두 번 세 번 거듭 권선하였습니다. 부득이 신축(1601년) 정월에 법당 불사를 시작하고, 다음 해에 목재를 구해 삼존불상을 조성해 모셨습니다. 또 다음 해(1603년)에 영산회상도와 팔상전 단청을 모두 다 마쳤습니다. 북암으로 사람들

---

1 산인 : 산중의 사찰에 거주하는 스님을 예전에는 '산인'으로 자신을 낮추어 불렀다.

이 와서 보고 모두 말하기를 "여기에 일생 보처의 법당을 지으면 천만년 가리라."하며, 간절하게 권선하는 그의 말을 따르지 않는 이가 없었습니다. 을사(1605년) 8월에 문수, 보현, 관음, 지장보살 등의 존상의 조성을 시작하고, 또 약사회탱, 미타회탱, 지장탱과 시왕 각 탱화를 조성하여 11월 모시고 경축 법회와 찬탄 법회를 마쳤습니다.

발원합니다.

이 공덕을 널리 일체 법계에 회향하오니,
나와 중생들이 다 함께 성불하게 하소서.

만력 33년 을사 11월 일 적습니다.

목조지장보살입상
(완주 위봉사)

목조대세지보살입상
(익산 관음사)

목조대세지보살입상
(익산 혜봉원)

목조관음보살
(완주 위봉)

山人仅卷歘大警頓迴見各山甲午之間到於北庵丁酉之歲

本寺兵火盡宵佛殿共諸閣悉依騰巍之一回卷時有観之每

念空在於壽山好基文餘人皆勸言但而立於法堂再三勸之不得

已辛夏元月始於法堂次年叹牲兼像仅三算已畢又次年

靈山会幀及別殿筆丹青悉皆終畢上於北庵人皆見者皆於毋

作補憂千萬何也恩以勸之不违其言已已八月始於文殊普賢

観音地藏等每像文畫相弊師会殉陷会地藏幀十五各幀等造

成十月已畢慶讚云尒

願以此切德　普及於一切　我等與眾生　皆共成佛道

3. 1605년경 개인 소장 불상 조성발원문

詳夫植因之門雖復千差萬別其中殊勝者無越乎尊像安邀之也功雖小
而易獲勝果然而是寺也者萬曆二十四年火難之秋乃被倭賊討乱焚火之傷
寶殿盡燒尊像爲燼累歲空止禾黍油油於是人義庵居士金文仅保体
等慨然久矣痛繼心腑故發志誠敬請良工造像普令群生瞻禮尊
顏同成正覺固所願焉

모든 인연을 높이 세우고 공덕을 심는 방법은 비록 천차만별이지만, 그 중에도 특별히 뛰어난 것은 불·보살의 존상을 편안하게 맞이하여 모시는 것을 뛰어넘는 것은 없습니다. 노력은 비록 적을지라도 훌륭한 결과를 그나마 쉽게 얻을 수 있는 그런 곳이 사찰입니다.

만력 24년(1596년, 丙申) 가을에 화마와 또 왜적 침입의 피해를 당하여 보전과 존상이 전소하는 아픔을 겪었습니다. 불탄 뒤로 여러 해 동안 비어 있는데 그곳에 벼와 기장, 풀이 무성하였습니다.

이때 의암과 거사 김문의 등 여러 사람들이 오래도록 원통한 마음과 심장이 너무 아파서 진실로 공경하며 발원의 마음을 일으켰습니다. 훌륭한 기술자를 청하여 많은 중생들이 존안을 우러러 예배할 수 있는 불상을 조성하였습니다.

함께 정각을 이루기를 진실로 발원합니다.[2]

---

2 조성발원문에 연도와 사찰이 언급되어 있지 않지만, 의암 스님과 김문의 등이 완주 위봉사 북암 중건에 참여한 인물로 위봉사와 관련된 발원문으로 보인다(崔).

28 불상을 만든 염원 발원문 1

4. 1606년 공주 동학사 목조석가여래삼불좌상
    조성발원문(계룡산 청림사 조성)

維萬曆三十四年丙午二月日忠淸道公州雞龍山
靑林寺大雄殿佛像釋迦藥师弥陁極樂殿弥陁
四尊乙巳孟冬爲始丙午季春畢造初二三點眼水六
安遊也
真如性無盡故無量壽佛今在西方極樂世界衣食
宮殿隨念即至受諸快樂十方衆生信心念佛往生極
樂世界七宝池中便生蓮花永脫六道輪廻之苦趣
速證九品蓮臺之上坐隨身公案同證弥陁度濟迷倫
供登覚岸願同念佛人盡生極樂國見佛了生死與
佛度一切

  만력 34년(1606년) 병오 2월 충청도 공주 계룡산 청림사 대웅전에 석가
불, 약사불, 아미타불과 극락전 아미타불을 합하여 네 존상을 조성하기 위
하여 을사년(1605년) 초겨울[孟冬]에 불사를 시작해서 병오년 늦은 봄[季
春]에 조성을 마치고, 초 2일과 3일 이틀 동안 여섯 분을 점안하여 봉안하
였습니다.
  진여의 성품은 다함이 없는 까닭에 무량수불께서 지금도 서방 극락세계
에 계십니다. 극락은 옷과 음식과 궁전은 생각에 따라 생기고, 모든 쾌락
도 순식간에 이루어집니다. 사방의 중생들이 신심으로 부처님을 생각하
면, 극락세계 칠보 연못의 연꽃 속에 왕생하여, 육도 윤회세계의 고통으로
부터 영원히 해탈합니다. 또 9품의 연꽃 위에 앉아서 직접 공안을 깨달으

면 아미타불이 함께 증명합니다. 그리고 미혹한 중생들을 제도하면서 부처님의 세계에 오르게 됩니다.

원컨대, 함께 염불하는 모든 사람이
다 같이 없는 극락세계에 왕생하여
부처님을 친견하고 생사를 깨달아서
부처님과 같이 일체중생을 제도하리라.

각민, 목조석가여래삼불좌상
1606년 공주 동학사

維萬曆三十四年丙午二月日忠清道公州雞龍山
青林寺大雄殿佛係釋迦藥師彌陁極樂殿弧陁
四尊巳孟冬為始丙午季春畢造初二三點眼水六

安遊也

真如性無盡故無量壽佛今在西方極樂世界衣食

5. 1612년 순창 광덕산 연대암 아미타여래좌상
조성발원문(순창 강천사 발원문 봉안)

萬曆四十季三月十四日全羅道淳昌

郡西嶺廣德山蓮臺庵新塑成

弥陁一尊腹藏發願文

大矣哉我佛遷化将及三千載普

洽之祥盈于西乾溢于東震而陰

其末裔福其塵方流芳[3]千古至扵

東方正教之馨、降靈之西謁、遞

代相承凡幾百年矣一朝

國勢力所蹇蒼生所運以歳當壬

辰海外鼎佛天下塗炭河南河北

一空丘墟以所餘者三京文物五陵

烟月靈祠仙刹遺跡而已山之白足玄

策者向間老宿之言經云造像如麥淂

輪王位也慨然噴志日寶殿雖有不若

住持三寶鎮久扵世也因緣之力刻

木之條法如是理固然也山野廣化群

品圭撮之粟分文之財區、扵聚落

請其敏手者雕其魯般者数月之

---

3 流芳은 百世流芳의 줄임말이다. 향기가 백 대에 이름. 아름다운 이름이 후세에 길이 전해짐.

中嚴若化成百福粧嚴金色光相映日
赫、千葉寶蓮花中極樂大教主
弥陁尊像一躯也真可詛法身之器
流轉於衆生界是也各、檀信具書于
左
願以此功德普及扵一切我等與衆生皆共
成佛道

만력40년(1612) 3월 14일
　전라도 순창군 서쪽 고개에 있는 광덕산 연대암의 아미타불을 소조로
새로 조성한 복장 발원문

　위대하도다.
　처음 우리 부처님이 돌아가신 지 3,000년 동안 널리 퍼져서 그 상서로
움이 서천에 가득 차고 우리나라도 가득 넘쳐 흘렀습니다. 그 음덕은 그
살아있는 사람과 후손까지 복을 주고 시간이 지나도 아름다운 이름과 진
리는 천고에 최고이십니다.
　동방에 이른 바른 가르침의 아름다운 향기와 부처님의 신령스런 강림을
뵙게 되었습니다. 서로 대대로 바꿔가며 계승한 것이 몇 백년이던가! 그런
나라의 세력도 하루아침에 절름발이가 되고, 백성들의 운명도 임진왜란
이라는 전쟁의 세상을 만났습니다. 외국의 평온한 부처님 나라도 잿더미
가 되고, 하남과 하북 전체의 번화하던 곳이 텅 비어서 쓸쓸하게 되었습
니다. 그나마 평화롭고 여유가 있었던 것은 고려 때 삼경(평양, 한양, 경
주)의 문물과 오릉의 신령을 모신 사당과 사찰의 유적이 있을 뿐입니다.
　이 산의 청정하고 현묘한 계책을 가진 사람이 훌륭한 어른 스님께 물었
습니다. 훌륭한 어른 스님이 말하였습니다. "경에 이르기를, 여래의 상을

조성하면 전륜성왕의 지위를 얻는다."고 하였습니다. 그 말을 듣고 몹시 개탄하며 말했습니다. "비록 보전이 있어도 삼보가 세상에 오랫동안 계시도록 항상 지키는 것보다 못하다. 인연의 힘으로 나무를 조각하는 방법도 이와 같다. 이치가 본래 그러한 것이다."라고 말 하였습니다.

산과 들로 다니며 널리 깨끗한 물품을 많이 화주하고, 곡식을 모아도 많지 않았지만, 지역과 취락을 다니며 재물을 화주 해주길 요청하였습니다. 손이 민첩한 자는 조각을 하고, 일반적으로 느린 사람은 수개월 동안 매사 행동을 삼가며 일하였습니다.

만약 백 가지 복을 완성하려면, 부처님을 장엄하여 빛나는 상호가 마치 태양이 비추듯이 빛나고, 천 개의 보련화 연잎 가운데 극락대교주 아미타불 존상 한 분을 조성하면 됩니다.

진실로 "가히 법신의 그릇이 중생계에 끊임없이 유전한다는 것이 이것입니다."

각각의 신심 있는 단월들은 왼쪽에 갖추어 썼습니다.

이렇게 불사한 공덕을 일체 법계에 널리 회향하오니,
나와 같이 모든 중생들이 다 같이 부처가 되기를 발원합니다.

萬曆四十年三月十四日全羅道淳昌

郡西崛廬潭山蓮臺庵新塑成

彌陀一尊腹藏發願文

大笑哉我佛遠邈億將及三千載善

浴之禪盈于西乾溢于東震而漸

其東裔福其塵方沅芳千古至扵

東方正教之聲磨、隆靈之霄謂、速

6. 1612년 진주 월명암 목조아미타여래좌상 조성발원문

事端願發文
大乘庵創立已訖無佛像而欠矣壬子開春
始意而新造彌陀兩尊及雙磎寺大像彌陀
形身破落不知歲月欠矣於今如舊重修抑
與新成觀音二尊等開眼點畢然後切有淨土
因緣而發願廣大大小檀越與隨喜助緣等同證
金仙俱登覺岸者爾
願以此功德普及扵一切我等與眾生當極樂
國同見無量壽皆共成佛道
主上殿下壽萬歲　　　世子底下萬ﾉ歲
王妃殿下壽千秋　　　國泰民安法輪轉
…

　불사의 실마리에 대한 발원문

　대승암을 창건하였지만, 불상이 없는 것이 흠이었습니다.
　임자년 초봄에 공사를 시작하여 아미타불과 양존을 새로 조성하였습니다. 또 쌍계사의 아미타 대불상의 몸이 깨지고 떨어진 흠이 있는 것을 세월이 지나도록 알아채지 못하였습니다. 이번에 예전처럼 중수하고 또 관세음보살 2존을 새로 조성하는 등 개안의 점안을 마친 후에 간절히 정토에 인연이 있기를 발원하였습니다. 광대한 크고 작은 단월들과 기쁘게 같이 동참한 인연들을 함께 부처님(금선)을 증득하여 모두 깨달음의 언덕에 오르기를 발원합니다.

이와 같은 불사 인연 공덕을 널리 일체 법계에 회향하오니,
나와 모든 중생이 다 같이 극락세계와 왕생하여
무량수 부처님을 뵙고 다 같이 부처가 되기를 발원합니다.

주상전하 수만세   세자저하 만만세
왕비전하 수천세   국태민안 법륜전

만력40년 임자 10월 5일 개안 점안을 마쳤습니다.

현진, 목조아미타여래좌상, 1612년, 진주 월명암
(이홍식 실장 사진 제공)

事端願敬文

大柔庵創立已訖無佛像而久矣壬子開春

始意而新造彌陀兩尊及雙陜寺大像彌陀

形身破落不知歲月矣玆於今如舊重修柳

興新成觀音二尊等開眼點畢然後切有淨土

因緣而敬願廣大大小檀越興隨喜助緣等同證

金仙俱登覺岸者尔

願以此功德普及於一切我等興眾生當極樂

國同見無量壽皆共成佛道

世子邸下萬ㆍ歲　國泰民安法輪轉

主上殿下壽萬歲

王妣殿下壽千秋

7. 1613년 경주 백률사 관음보살 조성발원문

腹藏發願文
朝鮮國慶尙道慶州府北嶺金
剛山栢栗寺更重創觀音造成
一座安于与檀越隨厼各〻助緣施主
䓁為我先亾父母列名亦願此功德世〻
生〻處同共正法蒙佛極樂淨土之願
　　　奉為
主上殿下壽萬歲 國泰民安法轉
萬曆四十一年癸丑四月 日誌

복장발원문

　조선국 경상도 경주부 북쪽 고개 금강산 백률사를 다시 중창하면서 관세음보살 한 분을 조성하여 봉안하였습니다. 즐겁게 같이 동참한 단월들과 찬조하여 시주한 각각의 인연들과 우리의 선망부모 열명 영가들 또한 이렇게 불사한 공덕으로, 세세생생 가는 곳마다, 함께 정법을 닦고, 부처님의 수기를 받고 극락정토에 왕생하기를 발원합니다.

　받드나이다.

　주상전하 수만세 국태민안 법륜상전
　만력 41년 계축 4월 일

朝鮮國慶尚道慶州府北嶺金

剛山糖罩寺〓重劇觀音造成

一座安于與檀越随喜各〓助得施主

〓為我先亡父母列名亦願時一切德世〓

生〓〓〓同共正法蒙佛〓〓〓浄土〓〓

8. 1614년 구례 천은사 목조보살좌상 조성발원문

清信戒弟子太能靈源等敬造

靈像尊像特樹菩薩大願云

願我世〻生〻在〻處〻相好端嚴梵行清

白常說正法具四無碍[4]梵音清雅令人樂聞

傳佛心燈如迦葉流通敎海如阿難大智如

文殊大行如普賢大慈如彌勒大悲如

觀音大願如地藏大果如舍那虛空有

盡我願無窮

十方諸佛咸垂證明

…

萬曆四十二年甲寅六月日辨擧比丘 太能 拜手

願以此功德普及於一

切我等與衆生皆共

成佛道

청정한 믿음으로 수계하는 제자 태능, 영원 등이 존경을 다해 신령상, 존상, 특수보살들을 조성하는 발원문

원컨대, 세세생생 재재처처에 상호가 단정하고 위엄이 있으며, 범행이

---

4 네무애지 : 法無礙智, 義無礙智, 辭無礙智, 辯無礙智이다. 진리, 진리의 뜻을 아는, 설법하는 언변, 걸림이 없는 지혜 등 네가지에 걸림이 없음을 말한다.

청렴결백하고, 항상 정법을 설하고, 4무애의 지혜를 구족하고, 목소리는 청아하여 듣는 사람들이 즐거워하기를 발원합니다.

부처님의 마음을 전한 가섭과 같아지기를 발원합니다.
바다와 같은 가르침을 유통한 아난과 같아지기를 발원합니다.
큰 지혜는 문수보살과 같아지기를 발원합니다.
큰 실천은 보현보살과 같아지기를 발원합니다.
큰 사랑은 미륵보살과 같아지기를 발원합니다.
큰 연민은 관음보살과 같아지기를 발원합니다.
큰 원력은 지장보살과 같아지기를 발원합니다.
큰 결실은 노사나불과 같아지기를 발원합니다.
허공계가 다하더라도 저의 원력은 끝이 없나이다.

만력 42년 갑인 6월 일 변거 비구 태능 두 손 모아 절을 올립니다.

이렇게 불사한 공덕을
널리 일체 법계에 회향하오니,
나와 더불어 일체중생이
다 같이 해탈하기를 발원합니다.

清信戒弟子不能畫懅等敬造

畫儀尊像特樹菩薩大顧云

顧我世世生々在々慶々相好端々梵行清

白常說王法具四無礙梵音清雅令人樂聞

傳佛心燈如迦葉流通教海如阿難大智如

文殊大行如普賢大益如彌勒大悲如

觀音大顧如說藏大果如舍邾虛空盡

盡我顧無窮

盡我顧証明

9. 1619년 서천 봉서사 소조아미타삼존불좌상 조성발원문

願我永離三惡途 願我速斷貪嗔癡
願我常聞佛法僧 願我勤修戒定慧
願我恒修諸佛學 願我不退菩提心
願我決定生安養 願我速見阿彌陀
願我分身徧塵刹 願我廣度諸衆生
發 願已歸禮三宝
…

萬曆四十六年戊午八月日爲始
　　己未正月日終畢

제가 지옥 아귀 축생의 삼악도를 영원히 벗어나기를 발원합니다.

제가 탐진치 삼독을 빨리 끊기를 발원합니다.

제가 불법승 삼보를 항상 듣기를 발원합니다.

제가 계정혜 삼학을 항상 열심히 닦기를 발원합니다.

제가 모든 부처님을 따라 항상 배우기를 발원합니다.

제가 보리심에서 퇴보하지 않기를 발원합니다.

제가 안양국에 반드시 태어나기를 발원합니다.

제가 아미타불을 속히 친견하기를 발원합니다.

제의 몸이 모든 곳에 현신하기를 발원합니다.

제가 모든 중생을 한량없이 제도하기를 발원합니다.
…

만력 46년 무오 8월 일 시작해서

기미 정월 일에 마쳤습니다.

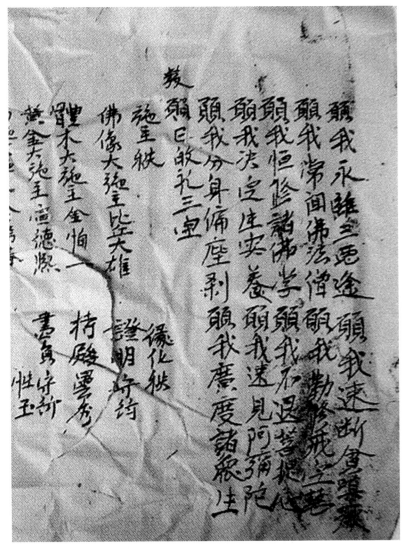

(김춘실 교수 사진 제공)

10. 1622년 서울 지장암 목조비로자나불좌상 조성발원문

毘盧佛願文

　恭聞

覺皇功成億劫位著義天^{5}三身^{6}之德相周圓四智^{7}之慧明眞淨分身刹土實萬善之莊

　　嚴一坐蓮宮乃群心^{8}之欽慕慈深苦海悲極含生是故一聞號而衆罪悉除一

　　念歸而萬福畢集今我

　章烈殿下益信

佛乘^{9}爰發 聖願特爲

主上殿下陰陽冷釋年月厄消二曜並隻於千古兩儀齊壽盛業邁於百王天人

　　交慶日月貞明

　世子邸下壽星献彩如來座福辰呈輝 世尊前順從民心荷天地之休明傳授

　　寶命宣

祖宗之重光

　嬪朴氏邸下壽命千秋敬奉 慈闈之德仰致怡愉之禮密符^{10}徽者之恩克勤儆

　戒之規速誕元孫續承聖嗣亦爲

已身章烈殿下德並大術道同宣仁增壽箒於靈春著徽音於盛世神輕氣

順頓消諸病之根食穩寢安永亨萬年之快仰願

先王先后祖宗列位仙駕

　文陽府院君柳自新仙駕

　蓬源府夫人鄭氏仙駕

　壬辰生公主李氏仙駕

　丙申生公主李氏仙駕

　庚子生大君李氏仙駕

　甲寅生郡主李氏仙駕

　　贈文陵君進士柳希鰹靈駕

　　贈文源君柳希聘靈駕

　　先亡上世宗祖親姻眷屬之灵脫此三有生後九蓮以此大願恭楷宝帑處募

　　良工敬造尊像毘盧遮那

佛二尊

釋迦如來三尊

盧舍如來二尊

彌陀如來二尊

觀音菩薩

大勢至菩薩兼圖畫像

三身大靈山會幀二 龍華會幀二 五十三佛幀一 中壇幀一 下壇幀一 工手已畢奉

　　安于慈仁壽兩寺仰表[11]丹悰靡懈初心克成勝妙以此大功德伏願

請聖垂慈嘉應時格洪休使成前願必獲後果悔咎頓消吉祥存至動資

佛力永亨不老之春秋尋符天恩長見太平之風月群臣協睦百神護祐東溟之賊

　　倭之舟楫北地絕兇攙之弓弩天災自滅地変自弭兩暘和而百穀登傷于戈

　　息而四方尊枕

---

11 앙표 : 仰表一心의 줄임말이다. '오직 일심으로'의 뜻이다.

瑤圖地久宝曆天長 佛日興舜日恒明 禪風共堯

風遐扇然後願惠流寶刹

澤及含靈咸脫 苦波同遊覺海伏惟

請聖慧眼速觀作此功德 時維

大明天啓二年 壬戌五月二十六日 謹記

비로자나불 조성 발원문

삼가 듣기로는 "부처님(각황)은 억겁 동안 공덕을 쌓고, 제일의 공을 깨달아서 삼신(三神)을 이루었다."고 합니다.

덕스러운 상호는 모두 원만하고, 네가지의 지혜는 밝나이다.

참으로 깨끗한 국토에 몸을 나투신 것은 진실로 만 가지 선행을 장엄하신 것입니다. 한번 연화 궁전에 앉으시니 모든 중생이 마음으로 흠모하는 바입니다. 고해에 깊이 빠진 중생들을 사랑하시고, 일체 중생들까지 연민과 애민하게 여기십니다. 이런 이유로 부처님 명호를 한번만이라도 들으면, 참으로 중생의 죄업이 없어지고, 일념으로 귀의하면 만복이 반드시 모여듭니다.

지금 나의 장열전하께서 부처님의 교리를 더욱 믿고 이에 성인께 발원을 일으켰습니다.

특별히 주상전하 음양의 냉기가 풀리고, 모든 액이 소멸하여 두 별이 함께 빛나게 하소서. 오랫동안 하늘과 땅의 수명이 같아지고, 성업은 백왕의 으뜸이 되게 하소서. 하늘과 사람들이 서로 기뻐하도록 일월이 밝게 빛나소서.

세자저하 수성(壽星)을 기원하며 여래의 좌대를 채색합니다.

부처님(복진)의 광명이 도드라지게 빛나니, 세존 앞에 민심이 순종하나이다.

천지 간에 뛰어나게 밝으신 광명을 책임지시며, 보배로운 생명을 전수하시니,

조선의 조종(祖宗)이 거듭거듭 빛나도록 선양하소서.

빈 박씨 저하의 수명장수를 정성 다해 비옵니다.

사랑으로 가득한 덕을 면밀하게 높이시어 기쁘고 즐겁게 예를 실천하소서.

아름다운 사랑의 은혜는 검소하고 부지런하셔서 경계의 규칙을 지키시어 원손을 빨리 낳아서 임금을 계승받으시길 발원합니다.

또 장열전하의 덕을 위한 큰 방법(大術道)으로는

인(仁)을 베풀면 수명이 늘어납니다.

태평성대(靈春)의 아름다움을 드러낼 계책입니다.

문물이 발달한 융성한 세대의 정신이 가벼워지는 소리입니다.

기운이 순종하면 반드시 모든 병의 뿌리가 소멸합니다.

음식이 편안하고 잠을 잘 주무시어 영원히 만년의 쾌락을 누리소서.

우러러 발원합니다.

선왕 선후 역대 임금 열위 선가

문양 부원군 류자신 선가

봉원부부인   정씨 선가

임진생 공주 이씨 선가

병신생 공주 이씨 선가
경자생 대군 이씨 선가
갑인생 군주 이씨 선가
증문릉군 진사 류희견 영가
증문원군 류희빙 영가
선망 상세 종조 친인 권속의 영가들이
이 삼계를 벗어난 후에 극락세계의 구품연대에 왕생하기를 발원합니다.
이 발원을 위하여 삼가 내탕금(寶帑)을 가지고 곳곳으로 배를 저어 훌륭한 기술자를 모집해서 공경히 존상을 조성하였습니다.

비로자나불 2존, 석가여래불 3존, 노사나여래불 2존, 아미타여래불 2존, 관음보살, 대세지보살 겸 탱화, 삼신대영산회탱 2점, 용화회탱 2점, 53불탱 1점, 중단탱 1점, 하단탱 1점을 장인 손길을 마치고 자인전 내불당과 인수전 내불당에 각각 봉안하였습니다.

주상전하와 왕비전하의 수명을 한결같기를 붉은 마음(仰表丹心)으로 우러러 기원합니다.
초심을 나태로 게을리하지 말고, 그 수승하고 미묘한 대공덕을 성취하시기를 엎드려 발원합니다.

성인을 청하옵니다.
자비로 기쁘게 때맞추어 감응하여 큰 홍복을 내려 주소서.
앞의 발원한 소원을 반드시 얻어서 성취하게 하소서.
뒤에 나타나는 결과의 근심 걱정은 모두 소멸하게 하소서.
상서로운 길상이 있는 것은 부처님의 가피가 움직여 이르렀기 때문입니다.

영원히 불로의 춘추를 누리소서.

천은에 부합하여 길이 태평한 세상이 나타나게 하소서.
모든 신하들이 서로 화목하면 모든 신들이 보호할 것입니다.

동명(일본)의 왜적이 배를 몰고 오지 못하게 도와 주소서.
북쪽 땅의 흉노족이 활과 화살도 쏘지 못하게 막아주소서.
천재지변도 자연히 소멸하게 하소서.
해와 달의 조화로 백곡이 잘 여물게 하소서.
전쟁의 아픔도 사라지게 하소서.
사방의 베개를 높이 베고 백성이 편안하게 하소서.
임금의 땅(瑤圖)은 오래가게 하소서.
임금의 수명은 하늘처럼 오래가게 하소서.
불일(佛日)과 순임금의 해(舜日)가 항상 밝게 하소서.
선풍(禪風)은 요임금 때(堯風)처럼 멀리 불게 하소서.

그런 후에 발원합니다.
은혜가 절(寶刹)로 흘러서 윤택하게 하소서.
또 모든 영가들이 다 고해에서 해탈해서
깨달음의 바다에 함께 노닐게 하소서.

오로지 엎드려 발원합니다.
모든 성인께서 지혜의 눈으로 속히 이 공덕 짓는 것을 보시옵소서.

때는 대명 천계 2년 임술 5월 26일 삼가 기록하다.

寔皇功威德神偈着義大士身之德周圓四智之慧明真淨分身利世萬億之種

嚴一心蓮宮乃群心之欽萬　　深苦海悲杻念生是故一聞號而泉罪志除

念歸而萬福畢集今我

　章烈殿下過福

　　師承文武政

　　　聖顧特加

上叩陰陽治輝年丹尼消二曜垂明來光復於十古兩儀香壽成　過於百二天人

孚子叩下壽星峨杉來產福永　煇　　　世尊利順化民心薪天地之休命傳校

　　寔命

　　祖宗之重

頻朴氏叩下壽命千秋藏奉慈圓之穗仰致怡愉之體密符徽音之同凫兔勤傲

誠之規逶詑元　頷承聖嗣亨者

已卯年刊殿下德並大衍道同官仁增壽算介祉靈椿萱萱音於盛世身輕

順頤逍遙痼之根食穗寢安不事萬年之歌柳顧

11. 1623년 강화 전등사 목조석가여래삼불좌상 조성발원문

歸命西方大慈尊紫金光色彌陀佛四十八願度含生
接引郡迷登九品願我捨此五蘊聚速往安養蓮華中
親聞圓音悟無生恒沙菩薩因復遊虛空終爲破有盡
我願曠劫無能盡似此造像佛功德法界衆生同成覺
隨喜造成供養者見者禮者皆成佛天地洞然毫末
盡此像劫石如須臾
…
天啓三年癸亥四月十九日未畢終雲守納子2)大化師 弘敏 比丘

　서방 극락세계 대자대비 존이시며 자금 광명으로 빛나시는 아미타 부처
님께 귀명정례합니다.
　48대원으로 모든 중생의 어리석음을 제도하고 인도하시어 구품 연화대
에 오르게 하시나이다.
　제가 욕망으로 받은 이 몸을 버리고, 속히 안양국의 연꽃 속에 왕생하
게 하소서.
　그리고 친히 원만한 가르침을 듣고 무생법인을 깨달아 항하사의 수 많
은 보살들을 따르며, 다시 허공계가 다 할 때까지 노닐면서 유위법을 모
두 깨뜨리기를 발원합니다.
　저의 발원은 광겁이 지나도록 다함이 없나이다.

　이 불상을 조성한 공덕으로 법계 중생들이 함께 깨달음 얻기를 발원합
니다.

불상 조성 공양을 기쁘게 한 사람들, 친견한 사람들, 예배한 사람들 모두 성불하소서.

천지의 털끝까지 모두 훤히 밝게 통하면
이 석불상도 억겁에 비하면 잠깐일 뿐임을 알리라.

천계 3년 계해 4월 19일 마치기 전에 운수납자 대화사 홍민 비구.

수연, 목조석가여래삼불좌상, 1623년, 강화 전등사

歸命西方大慈尊　紫金光色彌隨佛　四十八願度含生

接引群迷登九品　影我捨此五蘊聚　速往安養蓮華中

親聞圓音悟無生　恒沙菩薩同優遊　虛空終為破有盡

我願曠劫無能盡　似此造像佛功德　法界眾生同戒覺

隨喜造成供養者　見者禮者皆戒佛　天地泂然毫末

盡此儷劫名知須史

主上殿下壽萬歲

王妃殿下壽齊午

世子底下壽千秋

證明坦悟
盡負守衍
三剛志敬
持寺仪刻

法孫蔡英
法孫普真
法孫普慶
法孫惠皎

佛像大施主　終令軍身
佛像大施主　高業同叱主
南金大施主　亮大春四主
侍亇大張主　坦形罩身
身金火張主　愛亇尔主
引燈施主　件星亇亇主
樂緣施主　共表惠尔
施主緣行叱主

移安大施主　朴春四尚主
頭戴施主　叱命朴叱主
駿碟施主　朴兩肖尔
供養施主　金武勝叱主
座臺施主　劉玉連而主
虛臺施主　陸魏金而主

供養主白內叱

都大別座　敬非叱

來往大僧　湖英叱主

12. 1624년 순천 송광사 광원암 목조아미타여래좌상 조성발원문

奉

佛弟子南贍部洲鮮國全羅道各官各里居住各各

　大施主各各隨喜施主諸良工畵師各各執勞各各結願

　助緣勸化比丘等伏以特蒙

十方常主佛法僧尊加被之力現增福壽當生淨刹之

　願或捨珍財或入良梓或執勞給侍而共成

無上尊像安于曹溪山廣圓庵寶蓮花臺座盤

　手焚香稽首再拜仰惟

大聖鑒冥應

　…

　天啓四年甲子九月初吉日

부처님을 받드는 제자는 남섬부주 조선국 전라도 각관, 각리 거주하는
각각 등과 대시주 각각, 수희 시주자와 모든 기술자, 화사 각각,
직접 노력한 사람 각각, 원력을 맺고, 인연을 돕도록 권선한 화주
비구 등이 엎드려 발원합니다.

시방세계에 상주하시는 불법승 삼보님들의 가피력으로
현생에서는 복과 수명이 증장하고,
죽은 뒤에는 극락세계에 왕생하기를 발원합니다.
또 보배와 재물을 희사하고, 혹은 좋은 목수와 목공을 들이고, 혹은
잡역과 급식 등을 도운 사람들이 함께 비교할 데가 없는(無上) 존상을

조성해서 조계산 광원암 보련화 대좌에 봉안하나이다.
  손을 씻고 향을 사르고, 머리를 조아려 예배하나이다.
  오직 대성께서는 거울처럼 감응하소서.

  천계 4년 갑자 9월 1일

인균, 목조아미타여래좌상, 1624년, 순천 송광사 광원암
(송광사 성보박물관 사진 제공)

佛弟子南贍部洲朝鮮國金巴羅道各官各里居住

大施主各人隨喜人等諸良工畫師各三綱等各各結縁

助緣勸化比丘嘉伏以特芳

夫常住佛泥僧尊被之為視僧福壽當生樂刹之

即武拾玕財貳人天人繪侍而共成

無上尊像安三寶通一當圖展寶蓮花臺弥歟

于林香秋首非師惟

大悲窟宜應

佛像大施主僉知金善㕦両主

13. 1625년 나주 다보사 목조석가여래삼존상과 나한상 조성발원문(덕룡산 쌍계사 봉안)

1) 나한상(좌1) 발견 조성발원문

三身佛寶與十六聖衆之大寶也蕩々乎不以能可以名焉巍々乎不能可
以語焉可以是佛也靈山演妙天雨四花[12]地搖六震[13]分形千億諸佛之舍
利存焉菩薩之靈妙存焉千經之骨髓而一心之圓鑑也龍宮之秘
藏也病患之醫王也高焉之太虛深焉之若海體不可以極其邊用不
可以窮其際一稱名焉之太虛深焉之若海
河妙罪滅化心專想於城真身之降於閻部昔遠公畫像而真佛
現前慈恩鑄像而真佛目現几聖交通志誠之宴會成之者
能作福田發願者易為勝果遇此妙利如優曇花之一開浮木
孔之相值何遞千生用功極鮮複利尤多古旣如此今何不然
伏願各々檀越與勸化及與執勞運力等曰玆勝咸證
菩提能度無數百千衆生亦願主上三殿下萬歲無窮
先王先后超生淨城　　佛日與聖日長明不盡金輪與
法轉無窮風調雨順歲稔時康萬國欣慶四海寧靜法界
含靈同為極樂之化生娑婆穢土共作弥施之淨方
　　　發願
　天啓五年乙丑德龍山双溪寺佛像三尊十六
　聖衆四月始初七月終成

12　천우사화는 『법화경』 「서품」에 나온다. 부처님이 설법할 때 하늘에서 네가지의
　　꽃비가 내렸다. 曼茶羅華, 摩訶曼陀羅華, 曼殊沙華, 摩訶曼殊沙華이다.
13　육종진동도 위의 경에 나온다. 1動, 2起, 3涌, 4震, 5吼, 6覺

삼신 불보와 16나한상은 큰 보배입니다.

넓고 아득한 위대함이여!
어떤 이름도 붙일 수 없도다.
뛰어나게 높고 위대함이여!
무슨 말로도 표현할 수 없구나.

이것이 부처입니다.

영산회상에서 미묘한 법을 설하실 때, 하늘에서 네가지의 만다라 꽃비가 내리고, 땅은 여섯가지 진동으로 흔들리고, 몸은 천억으로 분신하셨습니다. 모든 부처님께 사리가 있었습니다. 보살도 미묘한 신통이 있습니다. 모든 경전의 핵심은 일심이라는 원만한 거울입니다. 용궁에 보관하고 있으며, 모든 병환을 고치는 의왕입니다. 높기는 허공보다 크고, 깊기는 바다와 같습니다. 본체는 지극히 묘하여 말할 수 없고, 그 작용의 궁극도 말할 수 없기에 그 첫째의 명칭이 허공보다 크고, 깊기는 바다와 같다고 합니다. 항하사와 같은 묘용으로 죄를 소멸하시는 것은 마음을 통일해서 형상을 바꾸었기 때문에 이곳에 부처님의 진신이 내려와 머무는 것입니다.

옛날 염부제에 "원공(遠公)이라는 사람이 불·보살상을 그리면 진짜 부처님이 눈앞에 살아서 자비로운 은혜를 베푸는 것과 같았다."라고 합니다. 철불상의 부처님도 눈앞에 현신하여 범부와 성인이 서로 통하고, 지극한 정성과 마음의 깊은 뜻을 알아서 성취하게 하는 것입니다. 스스로 복전을 지어서 발원하는 이는 쉽게 수승한 결과를 얻습니다. 이 미묘하게 이로운 것은 삼천년에 한 번 핀 우담바라 꽃을 본 것과 같고, 눈먼 거북이가 바다에서 구멍 뚫린 부목을 만나야 잠시 쉴 수 있는 것과 같은 일입니다. 어찌

천 번 태어남을 바꿀 수 있는 지극히 아름답고 선명한 공덕을 짓지 아니
할 수 있겠습니까. 또 이익이 옛날보다 한층 더 뛰어나고 많습니다. 이미
이와 같거늘, 지금 어찌 그렇지 않겠습니까.

엎드려 발원합니다.
각각의 단월들과 화주를 권선한 이들과 더불어 직접 노동하고 운력한
이들의 수승한 인연들이 모두 보리를 증득하게 하소서. 능히 셀 수 없는
백천 만 억 중생들을 구제하소서.

또 발원합니다.
주상과 왕비와 세자 전하가 만세토록 번영하고,
선왕 선후들도 정토의 세계에 오르소서.
부처님과 16나한상이 길이길이 다함이 없이 밝게 빛나나이다.
부처님과 가르침도 무궁하게 하소서.

나라는 때를 맞추어 바람이 불고 비가 내려서 풍년이 들며,
온 나라가 기쁘고 편안하게 하소서.
온 세상도 경사스럽고 평안하고 조용하게 하소서.
법계의 존재(함령)들도 함께 극락세계에 왕생하게 하소서.
사바의 예토도 더불어 아미타불의 정토가 되기를 발원합니다.

천계 5년 을축 덕룡산 쌍계사에서 불상 삼존과 16나한상을
4월에 시작하여 7월에 조성하여 마쳤습니다.

三身佛寶與十六聖衆之大寶也蕩蕩乎不以能可以名焉巍巍乎不能可
語
狀諸焉可以是佛也靈山演妙天雨四花地搖六震多形千億諸佛之舍
利存焉菩薩之靈妙存焉千經一貫體而一心之圓鑑也龍宮之秘
藏也病患之醫王也高焉之太虛深焉之若海體不可以極其變用不
可以窮其際稱名焉之太虛深焉之若海
河沙罪識凡夢想於城真身定降於閻浮昔遠公畫像而真佛
現前慈恩鑄像而真佛目現凡聖之交通志誠之冥會哉之者
能作福田發顯者昌為勝果處此妙利如漫雲花之開澤木
孔之相值何處千仕用功極鮮獲利在多吉既如此今何不然
伏願各各檀(戒)與功[illegible]

2) 나한상(우2) 발견 조성발원문

願状詩軸[14]

我旺之南錦城為美州距之南嶺最奇盖其惟山德龍之涴ゞ水雙流傷ゞ不亦
美哉築基營作之日紛不知其幾歲而名僧道人遂立此刹揭字華額而因
名雙溪焉■往今来不考其代矣可不哀乎元至治四年■秋月乃有開堅
承阿之計造像釈迦左右補處十六尊像五百羅漢安邀此寺而自漢
以來于今幾千歲也古寺既頹塑像亦破方欲再創而未得善人之
際此間霞衲信堅慨然有志竭力創立志大事小難以獨辦普告
緇素之家敬造釈迦補坐三尊兼塑十六大阿羅漢以傳於後世
美哉願我同發造像施勸諸人等現增福壽當證菩提伏願佛日
增輝　法輪常轉無窮聖　壽萬世萬民恒安　亦願
主上三殿下萬歲無穹先王先后超生淨城　　佛日與聖日長明
風調雨順歲稔時康萬旺欣慶四海寧靜法界含靈同為極
樂之化生娑婆穢土共作弥陁之淨方　發願
願以此功德　普及於一切　我等與衆生　皆其成佛道　願此心
堅固頓悟上乘　承仗神力　以報諸佛　莫大之恩
天啓五年乙丑德龍山双溪寺佛像三尊十六聖衆四月始
七月終成

불상 조성과 장엄한 내용의 발원을 시로 적은 두루마리

　내가 사는 남쪽의 금성은 아름다운 고을입니다. 고을과 떨어진 남쪽 고
개가 최고로 기이하고 뛰어납니다. 그 덕룡산을 생각해보면, 굽이굽이 돌

14　시축 : 문장을 시 형태로 서술한 형식.

아 흐르는 물이 두 줄기로 흐르며 애태우는 것 또한 아름답지 않을 수 없습니다. 그곳에 터를 쌓고 경영을 시작한 날이 몇 해가 되었는지 알지 못합니다. 명승과 도인들이 마침내 이 사찰을 세우고 화려한 글자의 편액을 걸었습니다. 두 골짜기에서 물이 흘러넘치는 모습을 연유로 "쌍계"라고 이릅니다. 이따금 지금까지 내려온 그 연대를 살펴봐도 잘 알지 못합니다. 가히 슬프지 않습니까.

원나라 지치 4년 가을 달에 신견이 편지를 열어보니, 아지[15]의 불상 조성 계획이 들어 있었습니다. 석가모니불, 좌우보처, 16존상, 오백나한을 이 사찰로 맞이하여 봉안하였습니다. 아라한을 모신 이래 지금까지 천년이 되었습니다. 절은 오래되어 서까래가 무너지고, 불상도 파손되어 속살이 드러났습니다. 바야흐로 다시 창건하고자 하였으나 선인을 만나지 못하고 있었습니다.

이러는 사이에 나이가 많은 신견스님이 분연히 마음을 일으켜 있는 힘을 다해 창건할 뜻을 세웠습니다. 큰일과 작은 어려움을 혼자서 해결하고 장만하려고 널리 승가의 총림에 알렸습니다. 삼가 석가모니불과 좌우보처의 삼존불, 16나한상을 조성하여 후세에 전하게 되었습니다. 아름답지 않을 수 없습니다!

원컨대, 함께 발원하고 시주하고 권선하여 불상을 조성한 모든 사람들이 살아서는 복과 수명이 증장하고 보리를 증득하길 발원합니다.

엎드려 발원합니다.
불법은 더욱 빛나고 법륜은 영원하게 하소서.

---

15 阿只 : 왕자나 공주의 유모

임금님께서는 만세를 누리시고, 백성들은 항상 평안하소서.

또 발원합니다.
주상전하 만세 무궁하시고,
선왕 선후는 삼계를 뛰어나서 정토에 왕생하소서.
불법과 임금님의 앞날이 길이 밝기를 발원합니다.
나라는 우순풍조로 풍년이 들어 항상 편안하기를 발원합니다.
국민은 평안하여 기쁘고 경사스럽기를 발원합니다.
온 세상이 조용하고 평화롭기를 발원합니다.
법계의 영혼들도 함께 극락세계에 왕생하기를 발원합니다.
사바의 예토도 함께 아미타불의 정토가 되기를 발원합니다.

발원하고 불사한 이 일체의 공덕을 널리 회향하오니,
나와 중생들이 다 같이 불도를 이루기를 발원합니다.

원컨대, 신심이 항상 견고하고, 최상승의 도를 깨달아 부처님의 위신력
을 이으며, 모든 부처님의 막대한 은혜 갚기를 발원합니다.

천계 5년 을축 덕용산 쌍계사 불상 삼존,
16나한상을 4월에 시작하여 7월에 조성을 마쳤습니다.

我旺之南錦埌為義州距之南山嶺最高 其盖惟山德龍之蜿々水雙瀠傷々不亦

義哉等甚塋作之曰歎此地之勉其幾歲而各僧道人藏于此剎稍崇葺鎮為月

各雙溪焉 往今來不為其代矣可不長乎元至治四年 秋月乃有開堅

承阿之計造像釋迦左右神衆十六尊像 五百羅漢 遊此崇而自漢

以來于今幾千歲也古寺既頹樂像亦破方欲舉創而未得善人之

際此間霞神信堅慨然有志輕力創立志大事小難以獨辨普告

緇素之家敬造釋迦補坐三尊并藥十六大阿羅 俠以傳於後世

義哉願我同志敬造像施勤諸人等現增補壽當證吾提伏願佛日

增光 法輪常轉 無窮 聖壽萬世萬民恒安 亦願

風調雨順 歲稔時康 萬旺欣慶四海寧靜法 佛日與聖日長明

樂之生化娑婆穢土其作弥陀之道方 鼓願 金靈同為種

願以此切德 曇及於一切 我等與衆生 皆其義佛道

堅固頂禮上乘 承天申刀人浸苦々 願此心

辛上三殿下萬歲無窮先王先后超生诤城

14. 1633년 파주 보광사 목조보살입상 조성발원문
(양주 천보산 회암사 조성)

彌勒菩薩願莊
崇禎陸年癸酉四月日京畿右道陽州牧地天寶山檜岩寺新造彌勒菩薩尊像願莊
夫不言而信不化而行大聖濟衆之德有願則成有施則報徵僧奉佛之誠其道孔昭斯
言匪耄是以黃金作像建魏孔於無窮白馬馱經基漢業扵不拔古有行者今
何不然金論釋顔深非敬本之至意玉堆螺髻可綏復舊之德容鳩聚屛功新造彌勒之
檜事捨所甚愛用改三寶之莊嚴造此無限之緣冀垂不息之禍
福伏願靈珠普照法花長春芯莴身菩提心皆登色相之法界琉璃瓶甘露水遍霑塵刹
之衆生　亦爲先王先后與法界含靈等超鼎淨界之願
抑願　主上三殿聖壽天長國祖地久　次願各各檀越與緣化比丘現增福壽當生淨刹
之願

　미륵보살 장엄 발원문

　숭정 6년 계유 4월 일에 경기우도 양주목에 있는 천보산
회암사에서 미륵보살 존상을 새로 조성해 모시고 장엄한
발원문

　설명이 없어도 믿게 하고, 교화 없이 행하시는 것이 큰 성인께서 중생
을 구제하는 덕입니다. 중생의 원이 있으면 곧 들어주시고, 베풂이 있으면
곧 보답하시나이다. 스님들을 초빙하여 부처님을 받드는 정성과 이치는
매우 분명하고, 그 말도 쓸모없는 것이 아닙니다. 이런 까닭에 황금으로
상을 만들어 세운 것이 매우 빼어나고 무궁한 것이며, 흰말에 경을 싣고

와서[16] 한나라의 튼튼한 기틀을 닦은 것입니다. 옛날에는 실천하는 자가 있었지만, 지금은 어찌 그렇지 않은가? 진리의 말씀과 부처님 얼굴을 깊이 존경하는 근본이 없기 때문이다. 지극한 마음으로 옥을 깎아 부처님을 조성해서 가히 편안하고 덕스러운 얼굴을 회복하려고 합니다.

삼가 여러 곳에서 재물을 모은 공덕으로 미륵보살님을 회암사에 새로 조성하였나이다. 심히 아끼던 것을 불사에 희사한 것은 삼보를 개금하고 장엄하는데 사용하였습니다. 이렇게 끝이 없는 공덕 인연을 지었으니, 재앙을 그치고 복을 베풀어 주시기를 발원합니다.

엎드려 발원합니다.
신령스러운 여의주 두루 빛나고, 진리의 교화는 영원하소서.
봄 꽃 같은 향기는 보리심의 몸을 기르나이다.
모두 금색 아미타불의 법계에 올라
유리병의 감로수로 모든 무수한 세계의 중생들을 구제하게 하소서.
또 선왕 선후와 법계의 모든 영혼들이 삼계에서 벗어나 극락정토에 왕생하시길 발원합니다.

우러러 엎드려 발원합니다.
주상삼전하 천수를 누리시고, 나라는 땅처럼 오래 가기를 발원합니다.
각각의 단월들과 화주의 인연을 맺은 스님들이
현생에서는 복과 수명이 증장하고,
임종하면 극락정토에 왕생하게 하소서.

---

16 백마사 : 중국 한나라 때 인도에서 백마에 경을 싣고 왔는데 경을 모실 절을 짓고 백마사라고 하였다.

彌勒尊佛願文

崇禎陸年癸酉四月日京畿右道楊州牧地天寶山檜岩寺新造彌勒尊菩薩等緣願施

夫不言而信不化而行大聖深重之德有願則成有施則報微僧奉沺之誠其道孔昭斯豈非是以黃金作像建塔紹於眞容爲尙修泰漢業捨不拔苟有行善令

何不然金渝標題深非敬本之至意玉堆瑠璃可綏復舊萬之德容鳩聚厥功新造彌勒之檜寺捨所甚覺用欣三寶之莊嚴造此無限之緣異盡歡息之福

福伏願靈球普照法花長春莪茹身菩提心貯登色相之法界琉璃㤼甘露水遍霑濟利之象生　赤爲先王光佑與法界含靈等超昇淨界之願

柳頭　主上三殿　聖壽天長圖祖地久　次願各各種越與緣化生現增福壽當生淨剎之願

諚明維那比丘　　　助緣別坐義甘比丘　　　本寺住持道悟比丘
特殿德悔比丘　　　供養主信默比丘　　　　德行比丘　　　　沙彌大施主
嘉貝英妙比丘　　　法祖比丘　　　　　　黃金大施主　　　黃金大施主
嘉貝芝妙比丘　　　一宗比丘　　　　　　面金大施主　　　張乙生兩主
未社雙敏比丘　　　一宗比丘　　　　　　黃金施主　　　　金白男兩主
嘉貝詔義比丘　　　信元比丘　　　　　　宣得男兩主　　　姜道世聖
嘉貝王俊比丘　　　　　　　　　　　　　鄭扶回兩主　　　中敬澤愛相兩主
嘉貝灵空比丘　　　　　　後元比丘　　　李彦漆兩主　　　金英難兩主
韓善道人雲冷比丘　　　　　　　　　　　　　　　　　　　朴世春兩主
　　　　　　　　　　　　　　　　　　　裴石乗兩主　　　某德春兩主
　　　　　　　　　　　　　　　　　　　朴莫同兩主　　　柳天牛單身
　　　　　　　　　　　　　　　　　　　金孔命兩主　　　天易單身
　　李民桂叔兩主　　柳鐵貴蓮兩主　　　金命元兩主　　　金鳳壽兩主
　　李敬眞兩主　　　朴仁周兩主　　　　奉注此婦里兩主　徐長命兩主
申氏單身　　　　　　李承立兩主　　　　韓分金兩主　　　張民古云兩主
韓氏貞順單身　　　　本加立兩主　　　　申莫終兩主　　　鄭十壽兩主
敏立兩主　　　　　　申命吉兩主　　　　金論路兩主　　　四氏丁巳保佑
鄭氏兩主　　　　　　李命吉兩主　　　　　　　　　　　　尹帝福兩主
禮加兩主　　　　　　德術比丘　　　　　　　　　　　　　朴英全兩主
姜乙生兩主　　　　　洪戒正返春兩主　　金美金兩主
強豆金兩主　　　　　朴白山兩主　　　　太的比丘　　　　朴束花比丘
金秋男兩主　　　　　　　　　　　　　　六直比丘
金氏權兩主　　　　　　　　　　　　　　意也日兩主
鄭信雄兩主　　　　　　　　　　　　　　吉也比丘
金氏信玉兩主　　　　　　　　　　　　　金歡飛聖
嘉貝灵空比丘

15. 1633년 부여 무량사 소조아미타여래삼존좌상 조성발원문

崇禎六年癸酉八月日忠淸道鴻山地無量寺極樂寶殿彌陀觀音勢至三尊女于
發願文
伏願某甲等世世生生在在處處常生現善之家亘聞正法信心堅固行願圓滿梵音淸
白令人
樂聞卽獲佛果菩提長巢扝樂之那傳佛心燈如彼迦葉流通敎海如彼阿難如彼文殊
大智慧
如彼普賢廣大行如彼觀音三十應如彼地藏大願行聞我名者免三途見我形者得解
脫
如是大願能成就發願己皎命禮
三寶慈尊
　　奉爲
主上三殿下¹⁷壽萬歲

　숭정 6년 계유 8월 일 충청도 홍산 땅 무량사 극락보전
　아미타불, 관음보살, 대세지보살의 삼존을 봉안한 발원문

　엎드려 발원합니다.
　모모들은 나는 세상마다, 태어날 때마다, 있는 곳마다, 사는 곳마다 항
상 선을 실천하는 집안에 태어나길 발원합니다.
　널리 정법을 듣고, 신심이 견고하고, 행원도 원만하게 하소서.

17　삼전하 : 국왕, 왕비, 세자

음성은 청아하여, 사람들이 즐겁게 듣고, 보리의 부처님의 과위를 빨리 얻게 하소서.

오래도록 즐거운 나라의 보금자리에서 어울려 살게 해 주소서.

부처님의 마음 등불을 전하는 저 가섭과 같게 하소서.
부처님의 바다와 같은 가르침을 유통시킨 저 아난과 같게 하소서.
대지혜는 저 문수보살과 같게 하소서.
끝없는 실천은 저 보현보살과 같게 하소서.
중생교화의 몸을 나투기는 저 관음보살과 같게 하소서.
큰 원력은 저 지장보살과 같아지기를 발원합니다.

나의 이름을 듣는 이는 삼악도를 벗어나게 하소서.
나의 모습을 보는 이는 해탈하게 하소서.
이와 같은 대원을 능히 성취하게 하소서.
발원을 마치고 삼보 자존께 귀명정례하나이다.

받들어 발원합니다.
주상삼전하께서는 천수를 누리소서.

16. 1633년 김제 귀신사 목조석가여래삼존상과 나한상 조성발원문

■■○○■○○■■■■■

■亂時盡為焚蕩而■■■■■

■■○○黍草木十丈[18]或有僧拈花

信虛過行傷見○■○○法堂○○

復立以後或有僧德奇○○三尊安

于次○○○僧堂已成次正門已成次彌

勒寶殿已成後彌勒畫佛安于次十王

殿已成後地藏十王從官眷屬安于次

天王門已成四天王造成安于各ミ方舍

巳畢無有羅漢殿或有衲僧道軒比丘

嗚呼咄嗟自己發心羅漢殿已成修藏

兼後靈山殿敎主釋迦牟尼佛左右補處阿

難迦葉十六大阿羅漢左右帝釋

監齋使者直符使者建靈神幷二十

五位安于後轉轉流通而与末世

衆生同成正覚之事跡也

…

崇禎六年癸酉十月初七日落成也

… 난이 일어났을 때 모두 불타고 없어졌습니다. … 초목이 우거져서 열

---

18 십장 : 열자 (3m), 1척 (한자 30cm), 1촌 (한치 3cm)

길이나 되어 어둡고, 혹은 염화실에서 보니 잘 모르는 신허 스님이 지나가는데 상처 입은 것을 보았습니다. … 법당을 … 다시 세운 이후 또 덕기 스님이 삼존을 봉안하였습니다. 또 … 승당을 낙성하고, 또 정문을 짓고, 또 미륵보전을 지은 후 미륵불화를 그려서 봉안하였습니다. 또 시왕전을 지은 후 지장보살과 시왕과 사자 및 권속들을 봉안하였습니다. 또 천왕문을 짓고, 사천왕을 조성하여 봉안하였습니다. 각각의 방사도 모두 지었습니다. 나한전이 없었는데, 도헌 비구가 혀를 차면서 탄식하며, 자기 스스로 발심하여 나한전을 짓고, 곳간을 고친 후 영산전에 교주 석가모니불과 좌우보처 아난과 가섭, 십육나한상과 좌우에 제석과 감제사자, 직부사자를 모셨습니다. 영신각을 건립하고 25위를 한 곳으로 봉안한 후에는 온 세상에 다 통하여 말세 중생들이 함께 정각을 이루는 것입니다. 이 불사를 한 큰 이유이고 사적입니다.

숭정 6년 계유 10월 7일에 낙성하였습니다.

17. 1634년 3월-6월 익산 숭림사 목조지장보살삼존상과 시왕상 조성발원문

大明崇禎七年甲戌二月日

佛像化主敬一者請工良匠刻彫成像尊

幽冥教主地藏大聖尊及, 道明尊者無毒鬼王兩

家眞俗作同行, 十王判官諸鬼王將軍童子及使者

建立諸形相皆以成佛道, 研始於三月初工訖于六月晦

凡物有始必有終必有始之成終之得皆一揆也始

之勞終之安皆一致也頓不能自圓必因漸而成圓

圓不能自頓以假漸而成頓故昔之頓今之圓今之圓

昔之頓也故回成與得一揆苦與安一致也非特處事

精詳兼亦誠懇無二所謂精者純一不雜之謂也誠

者眞實無妄之謂也詳者悉也懇者至也精誠詳

懇則能所不二矣能所不二則生佛無間矣生佛無

間則我之流通卽佛之流通也佛之圓自在莊嚴卽我

之圓自在莊嚴也伏以造成之後四恩[19]援濟三有[20]猶如

反掌也以此勝因回向覺岸 奉爲

대명 숭정 7년 갑술 2월 일

불상 화주 경일 스님은 기술 장인들을 청해서 존상을 조각하였습니다.

---

19 사은 : 부모, 나라, 중생, 삼보의 은혜

20 삼유 : 욕계, 색계, 무색계로 인간이 윤회하는 세계이다.

유명교주 지장대성존불과 도명존자, 무독귀왕을 양가인 출가 권속과 속가의 가족이 함께 힘을 합쳐서 불사하였습니다. 시왕, 판관, 귀왕, 장군, 동자, 사자 등 건립한 모든 형상도 다 불도를 성취하기를 기원합니다.

자세하게 밝히면, 3월 초에 공사를 시작하여 6월 그믐에 마쳤습니다.

만물은 시작이 있으면 반드시 끝이 있고, 끝이 있으면 반드시 시작이 있습니다. 시작의 이룸도 있고, 끝의 얻음도 있습니다. 이것은 모두 한결같은 법칙입니다. 시작은 힘들고 마치면 편안한 것도 다 같은 이치입니다. 아무리 애를 써도 능히 스스로 풀지 못하는 것도 반드시 인연이 되면 점점 원만하게 이루어지는 것입니다. 완전하여도 스스로 애쓰지 않으면 점점 멀어지므로 고생해서 이루게 됩니다. 그러므로 옛날의 고생은 지금이 편안하고, 지금의 편안함은 옛날의 고생 때문입니다. 돌이켜 보면, 이룬 것과 얻는 것도 한결같은 법칙이고 또 고생과 편안함도 같은 이치입니다.

특별한 곳의 사정도 자세히 알 수는 없지만, 또한 간절한 정성은 둘이 아닙니다. 소위 깨끗한 정성과 마음이라는 것은 다른 것이 섞이지 않은 순수함을 이릅니다. 진실한 마음이라는 것은 진실로 편안한 마음이 없음을 말합니다. 자세하다는 것은 다 아는 것입니다. 간절하다는 것은 지극하다는 것입니다. 순수함, 진실한 마음, 자세히 아는 것, 간절한 것은 다 둘이 아닙니다. 능히 둘이 아닌 것은 부처님의 생존 때와 같은 것입니다. 부처님이 살아 계실 때와 같은 것은 나와 거침없이 흘러 통한 것이니, 곧 부처님과 통한 것입니다. 부처님의 원만하고 자재함으로 장엄한 것은 곧 나의 원만하고 자재함으로 장엄한 것입니다.

엎드려 발원합니다.

존상을 조성한 후에는 부모, 나라, 중생, 삼보의 사은들이 삼계에서 제도되고 구원받는 것은 마치 손바닥을 뒤집듯이 쉬울 것입니다.

이 수승한 인연을 피안의 세계에 회향합니다.

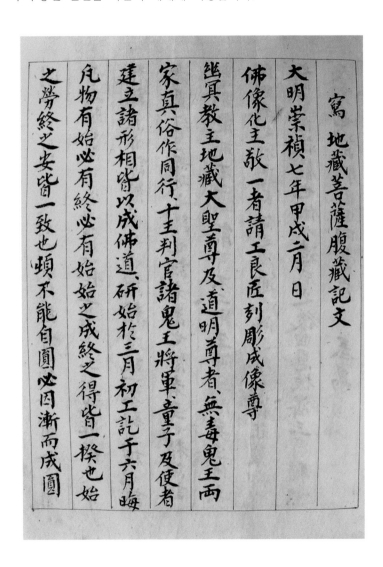

寫　地藏菩薩腹藏記文

大明崇禎七年甲戌二月　日

佛像化主敬一者請工良匠刻彫成像尊

鑑冥教主地藏大聖尊及道明尊者、無毒鬼王兩

家真俗作同行、十王判官諸鬼王將軍、童子及使者

建立諸形相皆以成佛道、研始於三月初工訖于六月晦

凡物有始必有終必有始之成終之得皆一揆也始

之勞終之安皆一致也頓不能自圓必因漸而成圓

18. 1634년 고창 선운사 소조비로자나삼불좌상 조성발원문

次年春鳥時
衆日記
崇禎六季癸酉
二月日始役爲定毘
盧佛藥師如來
阿彌陀佛木三尊七月
日白像初點眼爲止
明春甲戌之季佛像三
尊鳥黃金乙永畢其
此四月二日法堂安移
佛像後人觀者詳之
如何哉
毘盧佛大施主 孔守龍
藥師大施主 尹弘立
彌陀大施主 韓仁南
…

다음 해 봄 새가 울 때인 삼월 삼일 기록합니다.

숭정 6년 계유 2월 일에 일을 시작하여 비로자나불, 약사여래불, 아미타불의 목조삼존불을 7월 일에 마쳤습니다. 처음의 색을 입히지 않은 백상을 점안하고 멈추었다가 이듬해 봄 갑술년 가을에 삼존불상의 상태를 탄식하며 김을영이 황금을 입혔습니다. 5월 2일 법당으로 불상을 이운하여 봉안하였습니다. 후인들이 그것을 자세히 보는 마음이 어떠하였겠습니까.

비로자나불 대시주 공수용
약사불 대시주 윤홍립
미타불 대시주 한인남

19. 1637년 영남대 박물관 소장 목조아미타여래좌상 조성(비슬산 명적암 조성)

…

世世生生 在在處處 於此正法 信心堅固
永不退轉 童眞出家 早達三敎 梵行
淸白 常說正法 具四無碍 梵音淸
雅 令人樂聞傳佛心燈如迦葉 流通
敎海如阿難神通如淨名 大智如文
殊 大行如普賢 大慈如彌勒 如大悲
如觀音 大願如地藏 大果如舍那
永不退轉 發願已歸命禮
三寶慈尊

崇禎十年丁丑四月日星州地
毘瑟山明寂菴造佛像大化主

　… 윤회하는 세상 세상마다, 태어날 때마다, 사는 나라마다, 사는
지역마다 부처님의 정법을 듣기를 발원합니다.
신심이 견고하기를 발원합니다.
영원히 퇴보하거나 게으르지 않고 정진하기를 발원합니다.
세상을 모르는 어린 나이에 일찍 출가하기를 발원합니다.
가르침을 배워 일찍 삼교에 통달하기를 발원합니다.
부처님의 범행이 청정하고 청백하기를 발원합니다.
항상 정법을 강설하기를 발원합니다.

진리에 대해 막힘이 없는 네가지 무애지를 갖추기를 발원합니다.
목소리는 청아하여 사람들이 즐겁게 듣기를 발원합니다.

부처님의 마음을 전한 가섭존자와 같아지기를 발원합니다.
바다와 같은 가르침을 유통한 아난존자와 같아지기를 발원합니다.
신통은 유마거사와 같아지기를 발원합니다.
지혜는 문수보살과 같아지기를 발원합니다.
큰 실천은 보현보살과 같아지기를 발원합니다.
큰 자비는 미륵보살과 같아지기를 발원합니다.
큰 사랑은 관음보살과 같아지기를 발원합니다.
큰 원력은 지장보살과 같아지기를 발원합니다.
큰 결과는 노사나불과 같아지기를 발원합니다.
저의 수행이 영원히 퇴보하지 않기를 발원합니다.

발원을 마치고 자비로운 삼보님께 귀의합니다.

숭정 10년 정축 4월 일에 성주 땅 비슬산 명적암에서
조성하였습니다.

各々施主等

忘々生々在々處々於此正法信心堅固

永不退轉　童真出家早達三教梵行

清伯寧覲正法具四無碍辯音情

驕令人不衛傳仏心灯如迦葉流通

教海如阿難神通如净名大辯如文

20. 1641년 완주 송광사 대웅전 소조석가여래삼불좌상 조성발원문

以此造像功德奉爲

主上殿下壽萬歲

王妃殿下壽齊年

世子邸下壽千秋速還本國

　鳳林大君增福壽亦爲還國

　諸宮宗室各安寧文武百僚盡忠良

先王先后列位仙駕與各各先亡父母列名靈

　　駕戰亡將卒等俱生淨利親見諸佛

　　然後願無邊法界有識含靈遠離苦

　　海徑登佛地亦爲已身現增福壽當生淨

　　域普度衆生咸證無生之願

이 불상 조성 공덕을 받들어 모시나이다.

주상전하 만세를 누리소서.

왕비전하 수명은 늘어나소서.

세자저하도 천세를 누리시기를 발원합니다.

속히 본국으로 돌아오시기를 발원합니다.

봉림대군의 복과 수명이 늘어나시고 또 속히 환국하소서.

모든 궁중의 종실이 각각 안녕하시기를 발원합니다.

문무 백료들은 충성을 다하고 선량하기를 발원합니다.

선왕 선후의 많은 선가들과 각각의 선망부모 열명영가

전쟁으로 죽은 장군과 병사들도 모두 극락세계에 왕생하여 모든 부처님들을 친견하게 하소서.

그런 후에 다 함이 없는 법계에 의식이 있는 모든 영혼들이 고해를 완전히 벗어나서 가볍게 부처님 지위에 오르기를 발원합니다.

또 이 몸은 현생에서는 복과 수명이 늘어나기를 발원합니다.

이생을 마치면 청정국토에 태어나서 널리 중생들을 제도하고 모두 무생법인을 깨달아 얻기를 발원합니다.

21. 1643년 5월 진주 응석사 목조석가여래삼불좌상 조성발원문

大明崇禎十四年歲次癸未五月初一日凝石寺

佛像造成記

夫晋陽之北有山集賢有寺曰凝石寺也自白龍兵火之後

蕩然空基者久矣白馬年中幹善道人敬天克修日輝等

自念人事無常慷慨發願各持勸文始建法堂次成僧堂

梅月水月等寮畢而所之者惟

佛像也有志之師見而嗟嗟者年深久矣適有淸白道人太敬

者以單瓢壹衲[21]周流八表偶然來此自念天地之間最貴者

人也萬善之中最重者

佛像也以是癸未年中謹授勸文造成　　三尊而因設

落成而於是乎文

　대명 숭정 14년 계미 5월 1일 응석사 불상 조성기

　진양의 북쪽에 있는 산은 집현산이고, 절의 이름은 응석사입니다. 경진년에 병화를 당하여 전부 타버려서 공터가 된 지 오래되었습니다.

　경오년에 간선도인 경천, 극수, 일휘 등 생각이 같은 사람들끼리 무상한 일에 대하여 비분강개하며 발원하였습니다. 각각 특별히 권선문을 들고 다니며 시주를 받아서 법당을 건립하고 다음에 승당인 매월과 수월 등의 요

21　단표일납 : 조선 시대에는 스님들이 발우, 수저, 표주박 등을 항상 바랑에 넣고
　　다녔다. 그것을 상징한 말이 "하나의 표주박을 든 납승" 이다.

사를 완공하여 마쳤지만, 그곳에 필요한 것을 생각하니 불상이었습니다.

뜻이 있는 스님들이 보고 탄식하던 세월이 심히 오래되었습니다. 마침 청정하고 깨끗한 도인 태경이라는 이가 있는데, 하나의 표주박을 든 납승으로 전국의 구석구석을 돌아다니다가 우연히 이곳으로 왔습니다. 스스로 생각해보니, 천지간에 최고로 귀한 것이 사람이고, 만 가지 훌륭한 일 중에 최고로 귀중한 일은 불상을 조성하는 일이었습니다. 계미년에 힘써 권선을 하고 재물을 모아서 삼존불을 조성하였습니다. 불상을 조성한 연기와 낙성한 이 일을 기록하였습니다.

청헌, 목조석가여래삼불좌상, 1643년, 진주 응석사

大明崇禎十四年歲次辛巳五月初一日題□等

佛像造成記

夫晉陽之北有山崀集賢有寺曰鷇石寺也自白龍兵火之後

蕩然空基者久矣向焉年中韓善道人敬天亮修日輝木

自念人爭無常慷慨嚴願各持勸文始建法堂次成僧堂

梅日水月小寮畢功而乃之者惟

佛像也有志之師見而慕者年深矢亦通有清向道人太敬

22. 1645년 상주 남장사 목조아미타여래삼존좌상 조성발원문

願文

大聖觀世音菩薩
極樂敎主阿彌陀佛
大聖大勢至菩薩

窃聞法身非相即有相而現身眞體無形因假像而作體湛然空寂絶視聽而包含太虛
常炤圓明離方處而廓周砂界由是大覺皇流慈也化三千猶一家愛四生猶一子度苦
海
之沉淪小第子發心也是眞假爲一體慕萬德傾一心效優塡之造像伏念第子感前生
之異報忝今世之釋末繆鰲支那未竭蓮邦虛稱出家實未入道嘆此身之浪生憫來世
之窒塞所以聊將小心輒任大事肘
談柄於黑羊炎朱之月惟始役於靑雞暮春之日於是倩一國之名畫公造萬德之金仙
氏匠未化於天上奇才巧無倫於世中般佳雖非負於香木誠不下於昔王操斧斫木祥
未徹於三十三天承佛神力澤惟及於隨喜諸人
而乃主極樂之敎主補觀勢之二補阿彌陀金色如來無量壽無量光須摩提妙眞淨土
極樂國安樂刹越六八之大誓願願皆度生之本願開二八之正觀門門門悉攝化之
眞門觀音大聖救世救苦普門示現願力弘
深三十二應應羣機於白花道場十四無畏畏衆魔於竹紫叢邊大勢大聖誓願深重念
佛三昧引衆生於紫藁塘上攝化行願導含識於向藕花中八十種隨形之好妙粲若芬
花三十二大士之相儀皦如圓月
倩玆溦善事雖如綴麻而完錦玗可牟鍊石而補天雖九牛之一毛尙萬德之三尊惟玆

寶坊山名露陰寺號南長旣稱山之露陰陰雨露賴民屈之德陰頗多惟日寺之南長長
嶠南勝名區之絶景最夥昔自

黑璃之歲[22]適値斑衣之寇[23]千古珤刹一朝焦土僧徒四獻爲鵲一聚粵有年之黙鼠
韻釋名之尙輪不忍耕一塲之痛悼遂成十五架之梵宮惟構堂之久矣乃珤閣之空哉
即今昭陽恊洽玉珠上人

投誠千種懇萬意端慕圓滿之黃金色圖白玉毫煒燁之白玉毫於斯旣就金相欲安玉
殿則時維六月序屬三庚消吉日擇旹取今月卄一日嵬嵬滿月眞容奉安于靑蓮獅子
妙菩

提之座上烱烱海雲毫光炤徹向百億乾坤娑訶界之刹中香　金爐聲震紺殿勝事云
瞻禮告罷以此功德伏願　主上殿下仁逾解網德盖彈琴　王妃殿下金技釀瑞玉葉
產祥世子邸下螽羽蟄蟄國儲綿綿亦願金諾大檀信垂手諸蒲塞現世則人敬而神佑
宗牟邵希文[24]之脫難福來誠類劉惠仲之無驚來生則芙蓉池內與諸聖而扴戲菡萏
花中接

勝友而盤桓鸚鵡孔雀共命頻伽之聲無日不聒於耳畔琉璃瑪瑙黃金界道之色非時
未見於眼中抑願小・結因檀子之輩汲・運力執勞之流面覥白玉毫身秉紫金座伏
祈幹善比丘玉

珠白業頓增惡緣漸消五雲堂中學善導之垂語永作不退佛子七珤舫內交效曇鸞之
現形長爲勸進導師餘波攸藍沐蒸祐

　나무 극락교주 아미타불
　나무 대성 관세음보살
　나무 대성 대세지보살

22　흑리지세 : 임진왜란
23　반의지관 : 왜구, 왜적, 때 놈
24　소희문과 류혜중은 자비도량참법 1권에 나온다.

내가 듣기로는 법신은 상이 없지만, 상이 있습니다. 현신하는 몸은 진실로 형상이 없지만, 인연에 따라 임시의 상을 나타냅니다. 근본은 맑고 깨끗하고 텅 비고 공해서 눈으로 보고 귀로 듣는 것이 다 한 곳입니다. 그렇기 때문에 온 우주를 포함하고, 항상 원만하고 밝아서 환히 비추는 것이 방위와 장소를 여의었습니다. 갠지스강 모래와 같은 무량 무수의 세계를 걸림없이 자유롭게 통하는 것입니다. 이것은 위대한 부처님의 자비심이 넘쳐서 비롯된 것입니다.

삼천 대천 세계의 화신이 다 하나의 화신입니다. 태란습화(胎卵濕化)의 네가지 생명체를 사랑하는 것도 모두 하나의 자식이기 때문입니다. 고해에 깊이 잠겨서 허덕이는 제자를 구제하는 것도 발심입니다. 이 진짜와 가짜는 일체입니다. 만 가지의 덕을 사모하는 것도 일심을 기울인 것입니다. 우전왕의 불상 조성을 본받는 것도 엎드려 생각하면, 제자가 전생에서 다른 과보를 받는 것을 감응한 것입니다.

지금 세상은 석가모니불의 말세이고, 중국과 어그러지고 얽혀 있어서 극락세계의 연꽃에서 쉬지 못하고 비어 있습니다. 출가를 말하지만, 진실로 도에 들어가지 않는 것을 탄식합니다. 이 몸은 파도치는 고해에서 근심하며 불쌍하게 살다가 다음 세상에는 부처님의 집과 멀어집니다. 이런 까닭으로 연이어서 장차 정진에 소심해지는 것을 더욱 채찍질하기 때문에 큰일에 임해서는 권세와 권력자들의 말에 휘둘리게 됩니다.

계미년 한창 무더운 여름 날에 부역을 시작하여 을유년 늦은 봄날에 우리나라의 이름난 화공을 청하였습니다. 만덕의 으뜸인 부처님을 조성하는 데 장인이 모두 그리지 않았는데도 천상의 기이하고 교묘한 재주가 사람이 그린 것이 아닌 듯합니다.

세상에서 일반적인 아름다움에 비록 지는 것은 아니지만, 전단 향나무도 지극한 정성이 아니라면 옛날 왕씨가 도끼를 잡고 나무를 베어 머뭇거리며 조각을 완성하지 않았는데도 삼십삼천에 계시는 부처님의 위신력을 입었습니다. 이에 모든 사람들이 극락교주와 관세음과 대세지보살을 환희하며 따랐습니다. 아미타 금색여래는 무량수 무량광입니다. 반드시 참으로 미묘한 정토이며, 지극히 즐거운 나라이고, 안락한 세상으로 만들어져 있습니다. 중생을 이끄는데, 육십여덟가지의 큰 서원을 뛰어넘어 염원하고 바라는 것을 본원력으로 성취시켜 제도하십니다. 스물여덟가지의 바른 지혜의 문을 열어서 각각의 문마다 참으로 중생을 거두어 교화하는 참된 방편문입니다.

관음 대성은 세상을 구하고 고통을 구원하는 광대한 문을 나타내 보이십니다. 원력은 크고 깊으셔서 삼십이응신으로 모든 중생의 근기에 맞추어 감응하십니다. 백화 도량에서 열네가지의 두려움을 없애주는 무외시로 많은 마구니들의 두려움에서 구원하십니다.

자줏빛 대나무가 빽빽하듯이 대세지 대성의 서원은 무변하십니다. 깊은 염불삼매로 중생을 인도하는 것이 귀중하십니다. 자줏빛 연꽃이 핀 연못 위에 앉아서 중생을 거두어 교화하시고, 중생을 인도하는 원력을 실천하십니다. 연꽃을 보고 있으면, 팔십종의 형상에 따라 미묘하게 훌륭한 음식으로 변합니다. 꽃향기는 삼십이상의 부처님 상호와 거동인데, 깨끗하기는 원만하게 밝은 달빛이 눈을 찌르는 것 같습니다.

이렇게 부처님께 공양 올리는 것은 감로수 이슬비에 젖는 것처럼 은은합니다. 또 삼베로 엮은 완벽한 비단처럼 부드럽습니다. 그 공적은 돌을 다듬어서 도솔천에 계신 부처님과 똑같습니다. 아홉 마리의 소를 희생하기보다 오히려 만 가지 덕의 으뜸인 삼존불을 조성하길 바랍니다.

생각해보니, 이 보방산의 이름은 노음이고, 사찰의 이름은 남장이다. 원래 산을 노음이라 불렀습니다. 오랫동안 비와 이슬은 백성들이 살면서 의지하는 음덕입니다. 남장의 사명은 경상도의 제일 높은 산의 남쪽에 명승의 절경이 가장 많기 때문입니다.

옛날 임진왜란 때부터 때때옷을 입은 왜구들이 살면서 천 년동안 내려온 보배 사찰이 하루 아침에 잿더미로 초토화된 것을 승려들이 사방에 다니며 재물을 구하였습니다. 무슨 해인지 생각해보니 임자년이었습니다. 운치 있는 승려의 그 이름을 높이 숭상합니다. 다니기도 어려운 자투리땅에 차마 경작하기도 어려운 고통과 슬픔 속에서도 마침내 열다섯칸의 하늘의 궁전을 조성하였습니다. 또 강당도 오래되었고, 보각도 빈터입니다.

지금 정사년에 옥주 상인이 재물을 넉넉히 흡족하게 도와서, 정성의 마음을 보낼 때, 천 가지의 간절함과 만 가지의 뜻을 바르게 하였습니다. 원만한 황금색 그림의 백옥호와 그 백옥호가 붉게 빛나는 것을 사모하였습니다. 이것은 이미 부처님의 금색 상을 성취하여 옥전에 편안히 모신 것입니다. 때는 6월이었습니다. 순서는 삼복의 좋은 날을 잡았습니다. 이 달 21일에 산처럼 우뚝 선 만월 같은 참된 부처님을 봉안하였습니다. 푸른 연꽃사자의 미묘한 보좌 위에서 반짝반짝 빛나는 바다 구름의 백호 광명이 환하게 관통하고 있었습니다. 백억 건곤 사바세계의 국토 중에 금향로의 향기와 아름답게 울리는 음악, 연보라 빛 전각 등의 훌륭한 일을 말합니다.

우러러보며, 공경히 예배드리나이다.
불사 마침을 아뢰며, 이 공덕을 엎드려 발원합니다.

주상 전하는 어짊을 넘어 덕의 그물을 풀어 세상을 덮는 가야금을 울리소서.

왕비 전하는 금빛 솜씨로 술을 빚어 끝내에는 금지옥엽을 낳는 상서를 입으소서.

세자저하는 잠자리의 깃처럼 조용하고 잠잠하게 태자가 되어 면면히 이어지소서.

또 발원합니다.

큰 신심으로 시주를 굳게 승낙하심에 손을 모아 절을 올립니다.

모든 시골과 도시의 세상 사람들이 공경하고, 신이 도울 것입니다.

소희문은 부처님의 가피로 고난에서 해탈하였습니다.

지극한 정성은 복이 오게 하는 것입니다.

유혜증이 곧바로 부용지에 왕생하여 연꽃 속의 모든 성인과 유희합니다.[25]

연꽃의 봉우리 꽃 속에서 좋은 벗과 교제합니다.

앵무, 공작, 공명조, 가릉빈가들이 주변에서 노래합니다.

해가 없어도 귀로 듣지 않아도 저절로 들립니다.

연못가에는 유리, 마노, 황금색으로 경계를 표시합니다.

때가 아닐 때는 눈으로 보지 않고 마음으로 봅니다.

삼가 절하며 발원합니다.

작은 인연을 맺어 시주한 단월들과 운력을 이끌고 직접 노동한 이들도 백옥호 광명으로 빛나시는 부처님의 얼굴을 뵙게 하소서.

---

25 소희문과 유혜증은 『자비도량참법』에 나온다. 아미타불의 가피로 왕생하고 해탈하였다.

자금색 아미타불께 엎드려 기원합니다.
간선비구 옥주의 청정한 업이 가지런히 늘어나고,
악연은 점차 소멸하게 하소서.

오운당에서 배우는 이들을 좋은 길로 잘 이끌어주시고,
영원히 퇴보하지 않는 불자가 되기를 발원합니다.

칠보로 장식된 배 안에서 서로 불법을 본받게 하소서.
물굽이 치는 고해의 세상에서 서로 불도를 권하여
극락도사 아미타불께 나아가게 하소서.

이곳의 파도가 잔잔해지면 극락에 도달할 것입니다.
연꽃 속에서 목욕하면 복은 더욱 많아질 것입니다.

때는 순치 2년 을유 계미월 신미 일입니다.
운수납자인 취한자 복원이 썼습니다.

願文

大聖觀世音菩薩

極樂教主阿彌陀佛

大聖大勢至菩薩

23. 1646년 구례 천은사 수도암 목조아미타여래삼존좌상 조성발원문

1) 목조아미타여래좌상 조성발원문

崇禎十九年歲次丙戌八九月日全羅
道南原府地東嶺智異般若峯西
麓修道菴堂主阿彌陀佛左右補處
尊像造成腹藏發願文
願我以諸佛造像功德十方世界生死六
道一切衆生同歸淨土同見彌陀同聞淨
法同化衆生盡未來際無有間斷身口意
業無有疲厭虛空有盡我願不盡 惟願
三寶證明功德
主上三殿下壽萬歲
天下大平法輪轉

숭정 19년 병술 8월~9월 일
전라도 남원부 동쪽 고개인 지리산 반야봉 서쪽 언덕 수도암의
아미타불, 좌우보처 존상을 조성한 복장 발원문

제가 삼존불상을 조성한 공덕으로 발원합니다.
시방세계 사생육도의 일체중생들이 함께 정토에 귀의하게 하겠나이다.
함께 아미타불을 친견하게 하겠나이다.
함께 청정한 법문을 듣게 하겠나이다.

함께 중생들을 미래 겁이 다할 때까지 교화하기를 발원합니다.
끊임없이 신구의 삼업을 닦는데 피곤해하거나 싫어하지 않겠습니다.
허공은 끝이 있을지언정 저의 소원은 끝이 없습니다.

오로지 발원합니다.
삼보께서는 이 공덕을 증명하소서.

주상삼전하 수만세
천하태평 법륜전

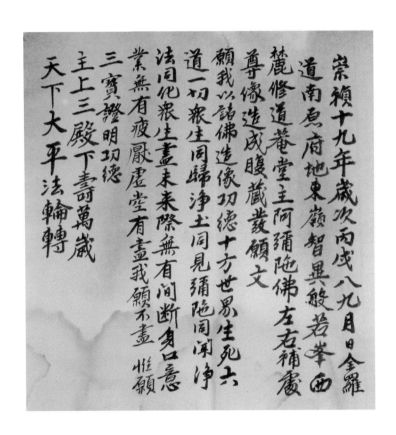

2) 대세지보살좌상 조성발원문

崇禎十九年歲次丙戌八九月日
全羅道南原府地東嶺智異
山般若峯西麓修道菴補處
大勢至尊像造成腹藏發願
　　　文
　造像功德殊勝海　無邊功德皆回向
　普願沈溺諸衆生　同入彌陀大願海
　金色光中蒙授記　盡未來際度衆生
　　　惟願
三寶證明功德　　天下大平法輪轉
主上三殿下壽萬歲

　숭정 19년 병술 8, 9월 일
　전라도 남원부 동쪽 고개 지리산 반야봉 서쪽 언덕 수도암의
　좌보처 대세지존상을 조성한 복장발원문

　불상을 조상한 공덕은 바다와 같이 훌륭하고
　끝이 없는 공덕을 모두 회향하오니
　널리 고해에 깊이 빠진 일체중생들이
　함께 아미타불의 본원의 바다에 들어가게 하소서.
　금색으로 빛나는 광명 속에서 수기를 받고
　미래세가 다할 때까지 중생을 구제하겠나이다.

　오직 발원합니다.

삼보께서는 이 공덕을 증명하소서.

천하는 태평하고, 불법은 계속되게 하소서.

주상삼전하 수만세

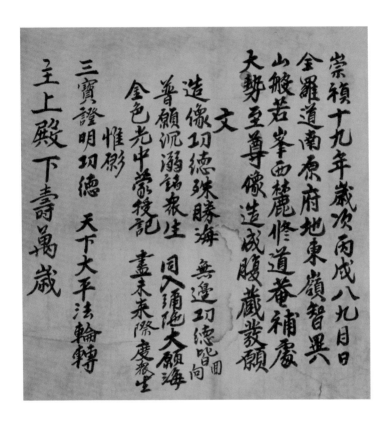

24. 1647년 대구 보성선원 목조삼존불좌상 조성발원문

願文
願我造佛像功德以其細事乎十方世界死生六道一切衆 生同歸淨土親見諸佛同
聞正法同成正覺
順治二年六月日慶尚道居昌縣東面牛頭山見岩寺以今月二十四日佛像三尊造畢
而後開列于后

제가 이제 불상을 조성한 공덕과 발원은 아주 작은 일입니다.
시방세계 사생육도를 윤회하며
생과 사를 거듭하는 일체중생들이
함께 극락정토에 왕생하여
여러 부처님을 친히 뵙고,
함께 올바른 진리의 말씀을 들으며,
함께 올바른 깨달음을 성취하기를 발원합니다.

순치 2년 6월 일
경상도 거창현 동면 우두산 현암사에서 2월 24일
삼존불상을 조성해 마친 이후에 점안하여 나란히 모셨습니다.

顧以造佛像功德以資經事平十方種衆死生六道一切衆生同歸淨土親見諸佛同潤正法同成正

覺順治二年六月日慶尚道居昌縣東面牛頭山見岩寺以今月二十四日佛像三尊造畢而後開列于右

佛像大施主　吳山端　靈
　　　　　　朴戒連　單身

主佛大施主　李影湖　靈
　　　　　　朴命雜　靈

左補處大施主　山春　靈

左補處大施主

左補處大施主　抽戾男帝主

面金大施主　金守真主

面金大施主　梁秀喜辭主

重金大施主

面金大施主扑顧公單身

黃金大施主四　命千靈

供養大施主　朴太邦主

供養大施主　孔介弄主

供養大施主

供養大施主

腹藏大施主　輝淇主

腹藏大施主

腹藏大施主　三元主　朴順男主

腹藏大施主　印凍主

洪林主　元坦主
日訓主　學能主
慶淳主　學想主
震熊主　寀元主
慶正主　信英主
學淳主　文悅主
放湖主　屋金金影芽力
三織主　緣化

54. 1647년 군산 불지사 목조관음보살좌상 조성발원문

維大法順治三年歲在丙戌十月日弟子

自皓比丘本以法界中一浮漚身承宿徵因

出入空門聞法生信得悟無常幸同風入畵角

之中年登四十有四自貢前世之薄祐乞千家攝粟

建三竿精舍仍又丹而雘之瓦而盖之壁而塗之其

爲輪煥可勝量哉然後請工雕造觀音大士滿月華

容奉安此殿兼復親燒片惠供養三世一切

三寶伏願以此殊勝功熏勤已往先亡親瞻晬相栖身

於十刹雲中邁迹於九重天²⁶上作三賢十聖之眷

屬銷千劫百刧之冤結然後前用莊嚴廣申誓

願天竺之所覆燾日車之所照臨蠢動顋飛焦

焚蟄溺咸據愛網速證簀筌然後願 君有德

早圖炤於西極願已有緣終輔處於東邊則月

面光中宛岡奔月身雲影下永罷行雲來爲

桂苑行人去作桑丘使者願已發願已歸命

禮三宝   山人 英絢 書

順治丁亥四月

　때는 대법 순치 3년 병술 10월 일

유교 제자 자호 비구는 본래 법계 가운데 하나처럼 떠다니는 물거품 같은 몸을 받았습니다. 속세의 인연을 밝히기 위해 공문에 들어왔습니다. 법문을 듣고 신심이 생겼고, 무상을 깨달았습니다. 다행히 바람 따라 화각하는 일에 들어간 세월이 44년이었습니다. 전생의 복이 적음을 스스로 분하게 생각하고, 천 집을 구걸하며 곡식을 모아서 세 칸의 정사를 지었습니다. 거듭하여 단청을 하고, 기와를 덮고, 벽을 칠하였습니다. 그 높이 빛나는 것을 가히 모두 헤아릴 수 있겠습니까.

그런 후에 기술자를 청하여 관음 대사의 둥근 달 같은 화려한 용안을 조각하여 이 전각에 봉안하였습니다. 다시 친히 연비를 하여 삼세의 일체 삼보님께 공양을 올렸습니다.

엎드려 발원합니다.

이 수승한 공덕의 일을 마치면 이미 선망한 부모들이 왕생극락하게 하소서.

부처님을 가까이서 우러러 뵙고 서로 바라보며 사는 이 몸의 보금자리입니다.

구름 속의 모든 부처님 나라를 돌면서 공덕을 짓겠나이다.

구중천에 올라 삼현과 열 분 성인의 권속이 되게 하소서.

천 겁과 백 겁 동안 지은 오래된 원결의 쇠사슬도 풀게 하소서.

그런 후에 먼저 장엄을 써서 널리 서원을 베풀어 하늘의 모든 불국토를 가르침의 향기로 다 덮게 하소서.

태양의 광명처럼 제가 가는 곳마다 밝게 빛나게 하소서.

꿈틀거리는 벌레와 나는 새들이 불에 타거나 물에 빠져 죽는 것은 모두 애욕의 그물에 걸려 의지했기 때문입니다.

속히 배롱 화로와 물속의 통발이라는 것을 깨닫게 하소서.

그런 후에 발원합니다.

임금은 덕이 있어야 법의 규칙이 밝게 행해지나이다.

서방 극락세계에 왕생하는 발원도 인연이 있어야 부처님 곁에서의 삶이 이루어지는 것입니다.

동쪽 끝에 달덩이 같은 관세음보살의 얼굴에는 광명이 완연합니다.

산 아래 세상의 빠른 세월에 육신은 뜬구름의 그림자 밑에서 구름처럼 왔다 갔다 하면서 영원히 멈추지 못하고 있습니다.

계원으로 가는 사람이 있어서 지어놓은 것을 상구라는 사람에게 보냅니다.

소원과 발원을 모두 마치고 삼보님께 귀명 정례합니다.

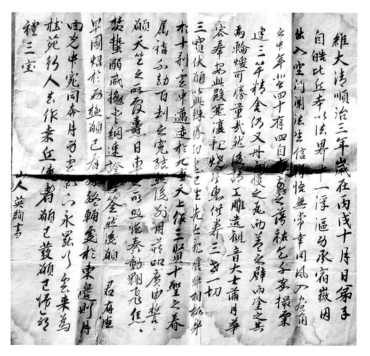

문화재청 누리집 사진 제공

27. 1648년 여수 흥국사 목조지장보살좌상과 시왕상 조성발원문

發願文

興國寺內碩德諸員與大施小施善男善女見聞隨喜者及化士等同參發願者幷緣化
良工某甲等

幽冥府教主地藏大聖尊道明和尚大辨長者及十大冥王之殿下判官使者將軍童子
等衆某甲等求哀懺悔至心乞請

慈悲方便誓度弘願自在化力普濟群迷親奉　聖慈同運悲心高懸[27]業鏡照於愆瑕
昭示　憲司[28]明乎因果以某甲等虔誠　某甲等敬造之功現世末世劫〻生〻生天則
快樂無窮生人則壽福無限身無橫病壽不中夭心不散亂正慧明了不經中陰不入地
獄一切雜形皆悉不受常得男身六根完具端正有潔無諸垢穢志意和雅恒思諸善常爲
地藏大聖十大冥王之所護念[29]同生極樂國同見無量壽如來同共發心同成正覺還
度有緣衆生虛空有盡我願無窮者矣以此勝功德

堯風永扇舜日長明法輪常轉邦國恒安萬民成熙

十方諸佛同垂證明

　順治五年戊子六月日誌

흥국사 내의 덕이 높은 여러 스님들,
많고 적게 시주한 모든 선남선녀인들,

---

27 고현 : 明鏡高懸의 줄임말이다. 밝은 거울이 높이 걸려있다는 뜻으로 사리에 밝거
　　나 판결이 공정하다는 의미로 쓰인다. (서경잡기)

28 헌사 : 조선 시대의 사헌부

29 호념 : 늘 부처와 보살을 마음에 잊지 않고 선행을 닦으면, 불보살이 여러 가지
　　장애와 재해로부터 중생을 보살펴준다.

보고 듣고 기쁘게 동참한 이들,

화주에 동참한 발원자와 더불어 불사를 기획하고 설계한 기술자 모씨 등이

유명부의 교주인 지장대성존, 도명화상, 대변장자, 십대명왕 전하, 판관, 사자, 장군, 동자 등, 대중 모씨 등이 지극한 마음으로 참회하오니 불쌍히 여기시어 거두어 주시기를 바라나이다.

자비로 방편 삼으시고, 크나큰 서원으로 중생을 제도하시나이다. 신통자재하신 능력으로 교화하고, 널리 어리석은 중생들을 구제하시는 어버이 같은 지장대성을 받들어 모시나이다. 사랑과 함께 연민심을 쓰셔서 높이 걸린 업경대에 악질 죄와 작은 허물도 분명하게 비추면 사헌부에서 인과를 명확하게 판결하여 고시하나이다. 이로써 모씨 등의 경건한 마음으로 모씨 등과 공경히 정성 다해 조성하나이다. 이 공덕으로 현세와 말세 그리고 계산할 수도 없는 무수한 시간 동안 태어날 때마다 천상에 태어나서 끝없이 무궁한 쾌락을 누리기를 바라나이다.

만약 인간 세상에 태어나면 수명과 복이 무한하게 하소서.
육신은 횡액과 병이 없게 하소서.
목숨은 중간에 요절하지 않게 하소서.
마음은 맑고 깨끗하여 혼란스러움이 없게 하소서.
올바른 지혜를 분명히 깨달아서 중음신의 세계에 빠지지 않게 하소서.
지옥에도 들어가지 않게 하소서.
얼굴과 몸에 일체의 잡티가 섞이는 것을 진실로 받지 않게 하소서.
항상 남자의 몸을 얻게 하소서.
육근을 완전히 갖추게 하소서.
단정하고 깨끗하여 모든 때와 더러움이 없게 하소서.

의지는 온화하고 우아하고 고상하게 하소서.

항상 모든 생각을 훌륭하게 하소서.

항상 지장대성과 십대명왕의 보살핌을 받아서 함께 극락국에 왕생하게 하소서.

함께 무량수여래를 친견하게 하소서.

함께 더불어 보리심을 발하고 정각을 이루게 하소서.

또 인연 있는 중생들을 제도하겠나이다.

허공계는 다함이 있어도 저의 발원은 끝이 없나이다.

이 수승한 공덕으로 요나라의 태평한 풍속의 바람이 영원하게 하소서.

순 나라의 태양은 영원히 빛나게 하소서.

법륜은 항상 굴러서 일어나게 하소서.

나라는 항상 평안하게 하소서.

국민들은 화평한 즐거움을 누리게 해 주소서.

시방의 모든 부처님들은 함께 이 불사를 증명해 주소서.

순치 5년 무자 6월 일 기록하다.

興國寺內碩德諱貨與大施主男永敬矢見圓融隨□嘉善沒化主寺內參蘐顛者升淨化啟工曇門等積有綠命

此寔教主地藏大聖尊迫明和尚大排長者反十大冥王之殿下判官使者將軍童子等眾景甲等求懺悔至心仁請

慈悲方役誓度弘願自在神力普等群迷觀奉　聖慈同運悲心高懸照佛德慇照示

則快樂無窮是則壽福無堪身無殘病壽不中天心不敢起正慧明了不經全命不逍地獄一阿鼻形守惠不受常得昇身六根完具端正而翠重諱臨歲惠

地藏大聖十大冥王之呵護念同生唐空有盡我願無窮斎矢以此勝功德

無量壽如來同共發心同成正覺還度有綠眾生唐空有盡我願無窮斎矢以此勝功德

光風永康舞日長則法輪常轉邦國恆安萬民咸悅

十方諸佛同東證明

順治五年戊子六月□諸

證明大禪師本湖

　禪宗判目賸俊

崇清判司悟後

大禪師惠觀

特發彥真

判官大施主曾戽誦空

布施大施主猶花空

救天施主金全空

頭藏大施主鄭善金空

引灯施主成昌蓮空

之言員一空

畫員印均

尚義

董教

吳侃

趙玉

黃河

僅一

僅玉

大平化敬義

　義天科秋金

初先筆下永净

僧亦連

畫員一覽

僧貨弘寔

檀若

劉文元

僧僖懷如

清字

明漢

僧斬

頂羍

27. 1648년 6월 남원 백장암 명부전 불상 조성발원문

幹善道人崇密槪緣之矣欲成軸文藏軸各丶施主隨喜財緣功德良
 匠結果造備功德造像始於三月十五日自于
 地藏道明無毒十王判官等尊像具于畢於六月念日終也
 全南道雲峰縣地東嶺智異山百丈寺同月二十四日奉安于
    發願文
願以此工德 普及於一切 我等與衆生 當生極樂國
見同無量壽如來皆共成佛道
順治五年戊子六月二十四日疏書于

　간선도인 숭밀의 인연으로 만들었습니다. 기본적인 뼈대와 속 뼈대를
만들기 위하여 각각의 시주들이 기쁘게 재물을 보시한 인연과 훌륭한 장
인들의 공덕과 조성을 준비한 공덕의 결과입니다.
　모든 상을 조성하기 시작한 것은 3월 15일부터 지장보살, 도명존자, 무
독귀왕, 시왕, 판관 등의 존상을 갖추었습니다. 마친 것은 6월 20일입니다.

　전남도 운봉현 동쪽 고개에 있는 지리산 백장사에 6월 24일에 봉안한
발원문

　원컨대, 이렇게 일한 공덕을 널리 일체에 회향하오니,
　나와 모든 중생들이 다음 생에 극락국토에 왕생하고,
　함께 무량수여래를 친견하여 다 함께 불도를 이루게 하소서.

순치 5년 무자 6월 24일 불보살께 올리는 소를 씁니다.

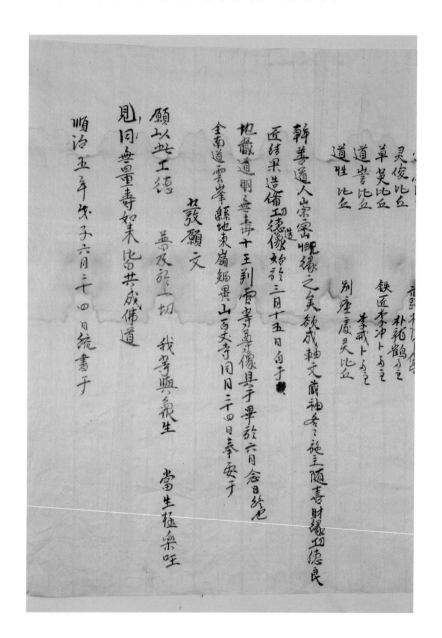

28. 1649년 서울 화계사 목조지장보살삼존상과 시왕상 조성발원문

發願文

稽首三界尊歸命十方佛我今發弘願持此金剛經

上報四重恩下濟三塗苦若有見聞者悉發菩提心

盡此一報身同生極樂國親見彌陀佛仰慈尊嘉會

度一切衆生連證佛果之願

時維大淸順治六年歲次己丑九月初三日畢

敬請良工造成地藏大聖道明無毒冥府十王泰山判

官鬼王將軍童子諸位使者等尊像畢功見佛山江

西寺改命廣照寺安邀奉佛

삼계 도사인 세존께 머리 조아려 귀명정례를 올립니다.

시방의 모든 부처님께 목숨을 바쳐 귀의합니다.

제가 지금 큰 서원을 발원하여 이 금강경을 가슴에 수지독송합니다.

위로는 네가지의 귀중한 은혜에 보답하겠나이다.

아래로는 삼악도의 고통 받는 중생들을 구제하겠습니다.

만약 보고 듣는 자가 있으면 참으로 보리심을 일으키기를 바라나이다.

이 세상에서 받은 몸이 다하면 함께 극락국토에 왕생하기를 바라나이다.

친히 아미타불을 친견하기를 바라나이다.

자애로운 존상을 항상 우러러보기를 바라나이다.

기쁘게 법회에 참여한 대중들이 깨달아서 일체중생을 제도하기를 바라나이다.

곧바로 불과를 증득하길 바라나이다.

때는 대청 순치 6년 기축 9월 3일 날 마쳤다.

공경히 청한 장인들이 조성한 지장대성, 도명존자, 무독귀왕, 명부시왕, 태산 판관, 귀왕, 장군, 동자, 여러 사자 존상들의 공정을 마쳤습니다.

현불산 강서사를 광조사로 개명하고 부처님을 받들어 맞이하여 봉안하였습니다.

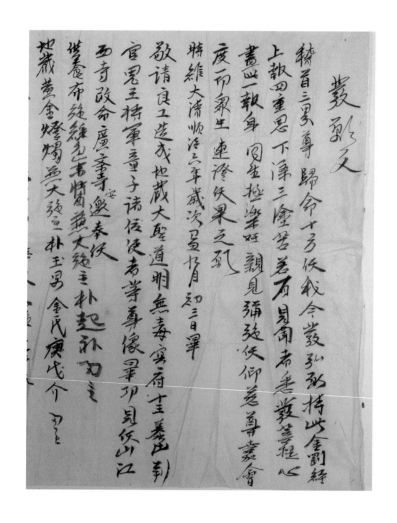

29. 1649년 7월 포천 동화사 목조석가여래좌상 조성발원문(순창 만일사 조성)

釋迦如來佛

造成大施主 林茱龍

主佛大施主 金億水

證明大禪師 太浩 比丘

切以住思修六度 收行布而示現[30]八十種好

有緣三途之苦者 莫似乎能仁[31] 半霞衲居[32]

巖泉光明 以轍隈沙界 有賜人天之福

者 莫如夫羅漢 故欲蒙其德者 須仗

造成 今有山人德月稱名者 勸諸有

信檀那 敬造釋迦如來 迦葉阿難

左右帝釋 十六眞類 將軍使者 奉

安于 回門山 萬日寺 伏乞 不捨鴻慈

如從兜率 下神宮而降此空像 不遺[33]

本願 若天中月 影千江而咸寶座 廣

化有緣之衆生 普濟人天之苦類 願

以此功德 普及於一切 我等與衆生 皆

共成佛道

　　　時

30　시현 : 示現=示顯 부처님이 중생을 제도할 목적으로 세상에 태어나는 일.
31　능인 : 능인적묵의 줄임말이다. 석가모니 부처님을 달리 이르는 말.
32　반하 : 1.35세 성도까지의 시간 2.하안거 결제
33　불유 : 不遺餘力의 줄임말이다. 있는 힘을 남기지 않고 다 씀.

大清順治六年歲在 黃牛七月既望之秋

석가여래불
조성 대시주 임채룡
주불 대시주 김억수
증명 대선사 태호 비구

모두 마음 밭에 머물러 수행하고, 육도가 없어지도록 다니면서 포교하는 것은 80종을 갖추신 부처님이 시현하신 것입니다.

삼악도의 고통에 인연이 있는 자는 비슷하지 않음이 없습니다. 석가모니께서 사문으로 살면서 수행하는 것은 광명의 바위 샘물입니다. 사바세계의 소용돌이 속 행적은 사람과 하늘에게 복을 준 것은 저 아라한과 같은 이가 없습니다. 그러므로 어리석음에서 벗어나고 만덕을 얻으려고 하는 자는 반드시 의지할 수 있는 불상을 조성하는 것입니다.

지금 산인이 있는데, 덕월 스님입니다. 여러 신심 있는 단월들에게 선업 짓기를 권해서 석가여래, 마하가섭, 아난, 좌우 제석, 십육아라한, 장군, 사자 등을 조성하여 회문산 만일사에 봉안하였습니다.

엎드려 비나이다.
넓고 큰 은혜를 버리지 말고 같이 도솔천에 따르게 하소서.
하계의 신궁에 강림하시면 이 공상(空像)의 본원을 남기지 말고 다 쓰소서.
하늘의 달, 천 개의 강 그림자와 같이 모든 보좌의 부처님도 인연 있는 중생들을 널리 교화해주소서.
광대한 인간과 하늘의 고통받는 중생들을 제도해 주소서.

발원합니다.

이 공덕 지은 것을 일체의 법계에 회향하오니

나와 같이 중생들이 다 불도를 이루게 하소서.

때는 대청 순치 6년 병오 7월 6일

개금 과정에서 발견된 원본을 20세기 후반 밀운 스님이 필서하여 제공(현재 원본 도난)

Ⅱ. 17세기 후반

1. 1650년 진안 금당사 목조아미타여래삼존좌상 조성발원문

娑婆世界南贍部洲朝鮮國全南道南原府地東嶺萬行山金剛
　　寺　　佛像造成發願文
仰惟志誠叛命禮威神自在色相端嚴冠中寶髻秀千華身上雲衣
　　莖五彩神光選出金瓶外攝化衆生豪相分輝濁世中照燭群品
　　大悲大願大聖大慈大勢至菩薩
　　一音淸震三千界　　　　　　七辯[1]宣談八諦門[2]
　　運悲隨願應群機　　　　　　此界他方拯六趣
…
山之寺也沙門与工巧巧匠之緇門者各各結願隨喜
　　施主等緣化執勞助緣勸化比丘處彥等願我以造像
　　功德十方世界死生六道一切衆生同叛淨土同見
　　彌陀同聞淨法同化衆生也
　　時維歲在
　　順治七年庚寅十月十四日結願隨喜等稽首

1　칠변 : 불보살의 뛰어난 7가지 말솜씨를 말한다. 1.첩질변-걸림없는 말 2.이변-이
　　익되는 대답 3.무진변-실상을 무궁무진하게 설법 4.불가단변-어려운 질문도 대답
　　5.수응변-근기에 맞게 설법 6.의변-열반과 해탈의 이익을 설함 7.일체세간최상변-
　　최상승법을 설함
2　팔제문 : 1.중론의 팔불중도이다. 不滅不生, 不斷不常, 不一不異, 不來不去 2.사성
　　제와 색계와 무색계의 사제를 합한 것이다. 고성제, 집성제, 멸성제, 도성제 즉 사
　　성제와 생멸사제, 무생사제, 무량사제, 무작사제

사바세계 남섬부주 조선국 전남도 남원부 동쪽 고개 만행산 금강사 불상 조성 발원문

삼가 우러러보며, 지극 정성의 마음으로 목숨 바쳐 예배드립니다.

불가사의한 위신력이 자유자재하시나이다.
자금색 신은 단정하고 엄숙하시나이다.
관 중에서도 보배 관을 상투 위에 쓰셨나이다.
천의 연꽃 위에 빼어나신 아름다운 법신이시라.
구름 위로 드러난 오색 신광의 줄기는 다섯가지 색으로 빛나도다.
신비한 빛은 금병에서 밖으로 솟아 나와 중생들을 보호하고 가르쳐 인도하나이다.

백호 광명은 빛을 나누어 이 세상의 온갖 중생들을 알아서 비추도다.
큰 자비과 큰 원력, 큰 성인의 큰 사랑을 갖추신 지극히 큰 힘의 대세지보살이시다.

청정한 음성은 삼천대천세계를 진동하고
7변재로 8성제의 진리를 잘 말씀하시네.
자비심으로 발원에 따라 중생의 근기에 감응하시고
이 세상과 다른 세상의 육도를 윤회하는 중생들을 구원하시네.

...

산은 절이다. 사문과 훌륭한 장인, 훌륭한 목수인 승려들이 각각
불사가 끝나는 날에 기쁘게 같이 시주한 이들과 화주한 인연들,

직접 일한 이들, 도와준 인연들, 권선과 화주 비구 처언 등이 발원합니다.
저희들이 불상을 조성한 공덕으로 시방세계 육도에서
생사를 거듭하는 일체중생들이 함께 극락정토에 귀의하게 하소서.

함께 아미타불을 친견하기를 발원합니다.
함께 깨끗한 법문을 듣기를 발원합니다.
함께 중생들을 교화하기를 발원합니다.

때는 순치 7년 경인 10월 14일 법회를 회향하는 날
즐겁게 따르고 동참한 사람들이 머리 조아려 예배합니다.

2. 1650년 해남 서동사 목조석가여래삼불좌상 조성발원문

發願文

願某甲世ゝ生ゝ在ゝ處ゝ相好端嚴梵行淸白常說正法具四無碍梵音淸雅令
大樂聞傳佛心燈如迦葉流通敎海如阿難神通如淨名大智如文殊大行如普賢大
慈如弥勒大悲如觀音大願如地藏大果如舍那永不退轉皈命礼三寶

…

順治八年庚寅冬月日造畢

발원문

　모갑이 발원합니다.

　나는 세상마다, 태어날 때마다, 나는 나라마다, 사는 곳마다 상호가 단
정하고 엄숙하며, 행동은 깨끗하고, 마음은 청정하고, 항상 정법을 설하
고, 네가지 걸림 없는 지혜를 갖추며, 목소리는 맑고 아름다워서 듣는 사
람마다 큰 안락을 얻기를 발원합니다.

　부처님의 마음을 전한 마하가섭과 같아지기를 발원합니다.
　바다와 같은 가르침을 유통시킨 아난과 같아지기를 발원합니다.
　신통은 유마힐 거사와 같아지기를 발원합니다.
　큰 지혜는 문수보살과 같아지기를 발원합니다.
　큰 실천은 보현보살과 같아지기를 발원합니다.
　큰 사랑은 미륵보살과 같아지기를 발원합니다.
　큰 연민심은 관세음보살과 같아지기를 발원합니다.

큰 서원은 지장보살과 같아지기를 발원합니다.
큰 과보는 노사나불과 같아지기를 발원합니다.

영원히 물러나지 않고 삼보 자존께 목숨 바쳐 귀의합니다.

순치 8년 경인 겨울 달 어느 날에 조성을 마쳤다.

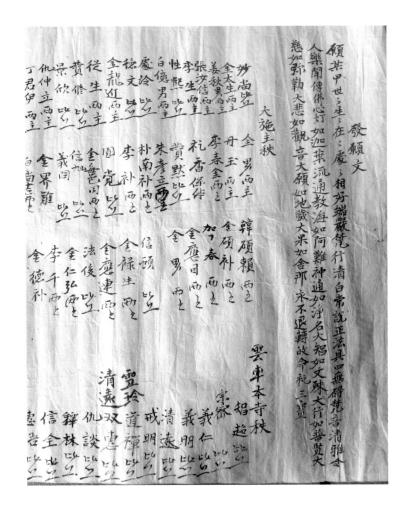

3. 1651년 고흥 금탑사 목조아미타여래삼존좌상 조성발원문

衆等發願文

願我盡生無別念 阿彌陀佛獨相隨 心心相繫玉毫光

念念不移金色相 願我臨終無疾苦 預知時至不昏迷

善根慧念轉增明 業債寃魔咸寂滅 異香天樂盈空至

寶殿金臺應念來 親覩如來無量光 一切聖賢同接引

彈指已登安樂國 卽聞妙法悟無生 遊歷無邊佛土中

供養親承蒙授記[3] 分身徧至河沙界 歷微塵劫度衆生

誓入娑婆五濁中 普化群迷成正覺 衆生業盡虛空盡

我願終當不動移 乃至今身極未來 念念圓修無間斷

仍將三業修行善 回施虛空法界中 四恩三有衆寃親

同脫苦輪生淨土

主上三殿壽萬歲 國泰民安法輪轉 證師持殿寺衆等

施與隨喜無盡衆 良工畫員諸緣等 大功德主緣化類

世世生生同善根 同入樂邦授記莂

維歲次辛卯　月　日全羅道興陽地天燈山金塔寺

法堂佛像造成腹藏于願文

---

3 몽수기 : 蒙頂授記, 摩頂授記의 줄임말이다. 부처님이 제자들의 이마에 손을 얹고 언제쯤 부처가 되리라는 예언을 하시는 것.

대중들의 발원문

원컨대 제가 이 목숨이 다하도록 다른 생각하지 않고
오직 아미타불의 모습을 항상 기쁘게 따르며
마음 마음으로 옥호 광명이 계속 이어지고
생각 생각마다 아미타불의 금색 상을 떠나지 않기를 발원합니다.

원컨대 제가 임종할 때 질병으로 인한 고통이 없고
미리 죽을 때를 알고 정신이 혼미하지 않으며
선근과 지혜의 마음은 더욱 밝아지고 자라나서
업의 빚과 원한과 마장들이 다 적멸하길 발원합니다.

기이한 향기와 하늘의 음악이 허공에 가득 울리고
보전의 금대좌의 부처님은 마음마다 감응해 오시네.
친히 무량 광명 비추시는 여래를 뵈오니
일체 성현들이 함께 맞이하여 인도하시네.

손가락 튕기는 잠깐 사이에 안락국에 오르고
곧바로 미묘한 법문을 듣고 무생법인을 깨닫네.
한량없는 불국토를 다니면서 공양 올리며
친히 부처가 된다는 수기를 받았네.

항하사 모래와 같은 세계에 두루 분신하시고
헤아릴 수 없는 미진 겁을 다니며 중생을 제도하시네.
서원으로 사바세계의 오탁의 나쁜 세계에 들어가서
널리 어리석은 중생들을 교화해서 정각을 이루게 하시네.

중생의 업이 다하고 허공계가 다하더라도
저의 소원은 오늘 죽더라도 한결같다네.
지금의 몸은 미래세가 다 할 때까지
생각생각 끊어짐이 없이 원만히 수행하네.

거듭거듭 삼업을 잘 수행하고
허공 법계에 베풀어 회향하네.
사은과 삼계를 윤회하면서 원수 맺은 중생들도
윤회의 고통을 함께 해탈해서 극락정토에 왕생하길 발원하네.

주상삼전하 만세를 누리시고,
나라와 국민은 크게 편안하고 불법은 항상 하소서.

증명 법사와 지전스님과 사찰 대중들,
기쁘게 동참해서 보시한 대중들,
훌륭한 장인과 화원의 모든 인연들,
대공덕주와 화주한 인연들이
세세생생 함께 선근을 닦고,
함께 극락세계에 들어가서 부처님의 수기를 받기를 발원합니다.

때는 신묘년 월 일 전라도 흥양 땅 천등산 금탑사
법당의 불상을 조성한 복장 발원문입니다.

산인 원오가 삼가 짓고, 제자 해운 글씨를 썼습니다.

4. 1654년 속초 보광사 목조지장보살좌상 조성발원문

願文

欽惟地藏大聖者於過去劫中覺華定自在王如來前發大誓願

受苦衆生我乃盡度因修萬行證無上果十九住世佛號各異於今賢

劫釋迦法中重樹廣大之願分身千億隨處現形或現威猛之相或觀慈

容之質百千方便利益衆生冥陽救苦大慈父尊又願忉利大會於如

來前自誓唯言末世苦類盡度無餘地獄未除誓不成佛是故釋功

德品云若人金銀銅鐵及土石木草塑像畵像供養者得不退轉於阿耨菩

提是以弟子等追誠赤心敬造金色之像以 奉

願佛大慈大悲哀愍攝受又願當生死之時不違本誓頓拔根本業緣永滅罪

障承斯

願力速超極樂之鄕親見彌陀摩頂授記普願以此功德先祖父母法界往生皆

蒙解脫咸登聖域永離苦具六道四生俱得離苦同成正覺弟子等如法奉行

十方國土遊戲自在見聞形名者皆得菩提之妙果同作佛事同報

佛恩發願如心

地藏大聖證明功德　　　　同願後錄

主上三殿下壽萬歲

佛像大施主韓氏伏爲 家夫崇祿大夫羅業超生極樂同見彌陀

登徽亦願　父母親受　佛記皆蒙解脫往生極樂九品蓮臺

之上

…

歲次甲午八月二十九日金剛山安養庵安于

발원문

삼가 생각하니, 지장대성은 과거의 셀 수 없는 겁 중에서 각화정자재왕여래 앞에서 "고통받는 중생들을 내가 전부 다 제도하겠다"는 큰 서원을 일으켰습니다. 그리고 만행의 인을 닦아 부처의 과위를 증득하셨습니다. 19주의 세상에 나실 때마다 부처님의 명호가 각각 달랐습니다. 지금은 현 겁의 석가모니 불법 때에는 원력이 거듭 자라서 광대한 원력으로 천억의 분신을 곳곳에 따라 몸을 시현하십니다. 혹은 대단한 위세의 상호를 시현하시고, 혹은 자비로운 얼굴의 모습으로 나타내십니다. 백천 가지의 방편으로 중생들을 이익이 되게 하십니다. 지옥과 현세의 고통받는 중생들을 구제하시는 큰 자비의 아버지와 같은 보살님이십니다.

또 도리천의 대법회 때 여래 앞에서 스스로 서원하기를 "오직 말세의 고통받는 중생들을 전부 다 남김없이 제도하고, 지옥이 없어지지 않는다면 맹세코 성불하지 않겠습니다." 하셨습니다. 이런 이유로 『석공덕품』에서 말하기를 "만약 어떤 사람이 금, 은, 동, 철과 흙. 돌. 나무, 풀과 흙을 섞은 조상이나 탱화에 공양을 올리는 자는 다시는 후회하지 않고 아뇩다라샴막삼보리를 얻을 것이다."라고 하셨습니다. 이런 근거로 제자들이 진실한 마음과 지극한 정성을 다해서 공경히 금색의 지장보살상을 조성하였습니다.

받들어 발원합니다.
부처님께서는 저희들을 가엾고 불쌍히 여겨 대자대비로 거두어 주소서.

또 발원합니다.
이생에서 죽을 때에 본래의 서원을 잊지 않게 하소서.

문득 근본적인 업연을 뽑아서 영원히 죄업을 소멸하게 하소서.
이 원력을 이어서 속히 극락의 고향에 오르게 하소서.
아미타불을 친견하고, 마정수기를 받게 하소서.

널리 발원합니다.
이 지장보살 조성 공덕으로
먼저 가신 조상과 부모님들이 법계에 왕생하소서.
모든 중생이 어리석음에서 해탈하게 하소서.
모든 중생이 부처님의 세계에 오르게 하소서.
모든 중생이 영원히 고통을 벗어나게 하소서.
사생육도 일체 중생이 고통을 여의고 즐거움을 얻게 하소서.
일체 중생이 함께 정각을 이루게 하소서.

제자들이 여법하게 봉행하나이다.
시방 국토에 분신과 신통이 자재하시나이다.
지장보살의 형상을 보거나 이름을 듣는 자는 모두 보리의 묘과를 얻을
것입니다.
함께 불사를 한 사람들이 다 부처님의 은혜를 갚고자 하는 이와 같은
마음으로 발원합니다.
지장대성께서는 이 공덕을 증명해 주소서.

동참 발원자는 뒤에 기록합니다.

주상삼전하 수만세

불상 대시주 한씨 복위와 가부 숭록대부 나업이 극락왕생해서

같이 아미타불을 친견하게 하소서.

등휘가 또한 발원합니다.
부모님도 친히 부처님의 수기를 받게 하소서.
모든 어리석음에서 해탈하여
극락의 구품 연화대 위에 왕생하게 하소서.

때는 갑오년 8월 29일 금강산 안양암에 봉안합니다.

原夫

欽惟地藏大聖者於過去劫中曾發弘誓願

受苦眾生未有人盡度自誓弘行證無上果十九住世佛号名曰賢

劫釋迦法中重樹菩大之願分身千億隨現應形或現慈

容之質百千方便利益眾生昊陽教苦大慈父尊又願忉利大會於如

來前自誓難言末世罪類盡度無餘地獄未除誓不成佛是故釋迦

德品去若人金銀銅鐵及土石木草塑像畫像供養者得不退轉於阿耨菩

提是以茅子等追誠赤心敬造金色之傀以奉

願帝大熱大悲哀愍攝受又願當生死之時不違本誓頓拔根本業緣永滅罪

‥陳承斯

願力速起極樂之鄉親見彌陀摩頂授記普願以此切德先祖父母法界往生忘日

蒙解脫咸登聖域永雜苦其六道四生俱得離苦同戌正覺弟子等如法奉行

十方國王遊戲自在見聞死名者皆得菩提之妙果同作佛事同報

佛恩幾衝如心

地藏大聖證明功德

主上三殿下壽萬歲
　　　　　　　　同願俵錄

佛像大施主韓氏伏爲　家夫崇祿大夫羅業超生極樂同見彌陀

登徽亦願　父母親愛　佛記菅蒙解脫往生極樂九品蓮臺
之上

　　證明登徽
　　點火王明
　　畫員草安

歲次甲午八月二十九日金剛山安養庵安于

5. 1655년 달성 용연사 목조아미타여래삼존좌상 조성발원문

時維
順治十二年乙未三月日慶尙道成州地龍淵寺佛像成造記文
伏聞
法身無相迺卽以求眞實相亡言伏金言[4]以詮顯是以化主
一行廣求諸善做成佛像三尊旣畢而同共諸人題名錄
奉爲
　　王妃殿下壽齊年
　主上殿下壽萬歲
　　世子邸下壽千秋
　　國泰民安法輪轉

때는 순치 12년 을미 3월 일.
경상도 성주 용연사 불상 성조 기문

삼가 들었습니다.
법신은 형상이 없어서 이에 곧 진실로 구하는 것이 보배로운 형상입니다.
말이 없으면 부처님의 말씀을 설명하거나 드러낼 수가 없습니다.
　그래서 화주한 일행 스님이 널리 여러 좋은 재물과 훌륭한 장인을 구해서
삼존불상을 조성하여 이미 마쳤습니다. 더불어 함께 한 사람들의 이름을 기

---

4 금언 : 金口聖言의 줄임말이다. 부처님의 말씀은 금처럼 변하지 않는 진리를 비유
　한 말.

록합니다.

받드나이다.

주상전하 수만세

왕비전하 수제년

세자저하 수천추

나라는 태평하고, 국민은 평안하고, 법륜은 항상 하소서.

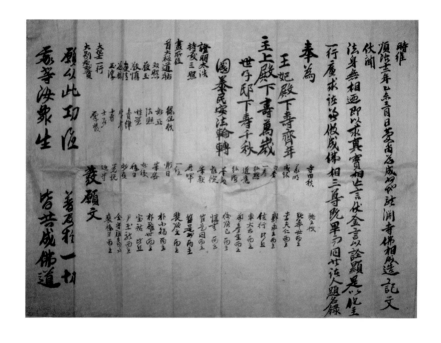

6. 1660년 담양 호국사 회적암 목조아미타여래좌상 조성발원문

發願文
順治十七年庚子五月十三日造成
彌陀一軀畢功安于龍龜山晦迹庵
因玆奉祝
王妃殿下壽齊年
主上殿下壽萬歲
世子邸下壽千秋
不爲自求人天福報緣覺聲聞乃至權
乘[5]諸位菩薩唯依最上乘發菩提心
願度一切衆皆共成佛道
發願以歸命禮三寶

발원문

순치 17년 경자 5월 13일
아미타불 1분을 조성해 마치고 용구산 회적암에 봉안하였습니다.

이러한 인연을 받들어 봉축합니다.
주상전하 수만세

---

5 권승 : 1. 방편을 펼칠 수 있는 능력을 갖춘 보살 2.대승방편

왕비전하 수제년
세자저하 수천추

인천의 복과 과보는 스스로 구해야 합니다.
성문과 연각 그리고 상구보리 하화중생의 경지에 오른
모든 보살님들께 오직 최상법에 의지해서 보리심을 일으켜야 합니다.

일체 중생을 제도해서 다 함께 성불하기를 발원합니다.
삼보님께 목숨 다해 귀의하기를 발원합니다.

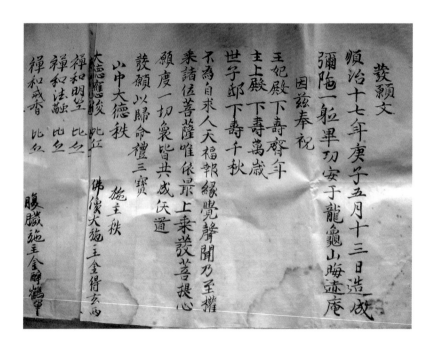

7. 1661년 강진 무위사 목조지장보살삼존상과 시왕상 조성발원문

○○○○○○萬年之宝刹開地亦使億萬年之久基也
○○○○○(道詵)[6]旺师之初創中叉寶殿先覚[7]旺师之
○○○○○雲遊之野客輻奏禅諸両京龍戰之騒人風
月砌僚助王化之福地宜資萬德之靈塲去丁酉年[8]之
倭乱大雄寶殿蕭然狪靡[9]其餘十王殿两位轉十餘房
盡爲燒蕩久經兎走鳥飛半被塵侵蠧蝕之餘凡諸見
見聞者絶不嗟呼頃百余僧中清風衲子幹善
道人熙衍其名者切念十王殿兼爲十王萼身造成興
渙之赤炙自己亥[10]之春始發於運行泊及庚子年[11]之
夏終竭於畢手妙同日盛麗極大際通天下之必
先居在宇宙而爰府無右天皆放重興之瑞綵地盡
师再造之神功實際初創也
上扶旺祚下祐生灵於丐無窮喜哉也
　　　順治十八年庚子[12]六月二十七日占眼也

---

6 道詵 : 827~898
7 先覚 : 先覺逈微. 864~917
8 丁酉年 : 1597年
9 패미 : 집네 구멍이 숭숭 뚫려 곧 쓰러질 듯한 상태. 모든 사람이 흉을 본다는 뜻이다.
10 己亥 : 1659年
11 庚子年 : 1660年
12 庚子 : 1660年

證明覚熏
　　　　　緣化秩　　　　衍牛比丘
持殿敬日　　　　　供養主
　　　首畵員主怀鑑　　　一閑比丘
　　　　　道能　　　　　一尚
　　　　　覚敏　　　来徃僧
　　　尚林ᵒ　　　　　　印先
　　　　　性学　　　侍者成日
　　　　　神彦　　　大別座妙允
　　　　　能仁
　　　　　尚俊
　　　　　天性
　　　　　印先
　　　　　依玄
　　　　　　　　引勧處士金名吉保体
　　　　　性楚
　　　小者愛生
　　　　　　大化主　熙衍比丘
願以此功德　普及於一切
我䓁與衆生　皆共成亻天道

… 만년의 보배사찰을 개창한 땅입니다. 또 억만년 동안 오래 갈 터입니다. … 도선국사가 처음 창건하였고 보전을 중흥한 것은 선각국사입니다. …

구름처럼 자유로운 나그네 스님들이 모여들어 모두 개경과 서경에서 용의 투쟁에 대한 떠들썩한 스님들께 사람들이 아뢰었습니다. 풍월의 주인인 왕의 계승을 이어 관료들이 함께 완성하였습니다. 임금의 덕화를 입은 복된 땅입니다. 마땅히 만 가지의 덕을 쌓는 바탕이 되는 신령스러운 장소입니다.

지난 정유년에 일본이 14만 병력으로 다시 침략해서 대웅보전만 홀로 우뚝하게 서 있지만, 개도 짖지 않는 곳이 되었습니다. 그 나머지 시왕전의 두 분은 마당에 굴러다니고 있습니다. 십여 칸의 방사는 다 타서 허물어진 지 오래되었습니다. 토끼가 달리고 새가 나는 평화로운 나라를 전쟁 침략으로 더럽혀져 절반이나 피해를 입었습니다. 나머지도 좀이 먹듯이 왜적들이 나라를 모두 먹는 것을 보았습니다. 이러한 상황을 보고들은 이들은 모두 몹시 울부짖으며 탄식하였습니다.

요즘 100여 명의 승려 중에 청풍 납자인 간선도인 희연 스님이 시왕전과 시왕상을 조성하려고 간절히 염원하며, 흥환의 노스님을 찾아, 기해년 봄부터 시작하고 순리대로 불사를 운행해서 경자년 여름에 신묘한 재주로 다 끝내고 완성하였습니다. 광명이 성대하고 극히 아름다운 큰 축제는 반드시 천하에 통할 것입니다. 지장보살은 항상 우주에 계시면서 인간 세상을 주재하시고, 명부의 하늘을 함께 도우면서, 모든 방편을 펴지 않음이 없습니다.

중흥하고, 단아하게 채색을 다 한 것은 스님이 신묘한 기술로 다시 조성한 것입니다. 실제로 처음 창건한 공적과 같은 것입니다.

위로는 나라의 국운을 도와주시고, 아래로는 국민에게 복을 주소서. 그러면 무한히 기쁘겠나이다.

순치 18년 경자 6월 27일 점안하였습니다.

萬年之室劉衛卿妣亦使億萬年之久甚也

（說）旺師之開剏中興寶殿先覺旺師之

入人慕其德之師客輻集禮部兩京龍戰之驕人☐

月砌墀助主化之福地豈資蒙連工靈場志丁巳年之

儻乳大雄寶殿敞然稀存其餘十五殿兩位精十餘房

老為燒爇烈焰之島亮半被坐優嬛餉之餘凡諸貞

晃中者皆不嘐味嘖百餘俱中情風袖子辭善

遊人堅衍其多者切念十五殿萬為十呈尊身達成塑

項之光愛自巳亥之畫此事お☐川相及庚子年之

莫移瑪お畢手始囘歸甶普程之際通天下之少

先居主宰宙而芫府無君天莒設爭與之瑞緑地書

8. 1661년 평창 상원사 목조문수보살좌상 조성발원문

1)

時維
順治十八年辛丑七月十日淸信弟子義天比丘惟願
西方極樂敎主阿彌陀佛大智文殊師利菩薩
大悲觀自在菩薩大聖大勢至菩薩大願
地藏菩薩當來彌勒尊佛一代敎主本師
釋迦牟尼佛淸淨法身毗盧遮那佛
南巡童子善財童子七十三位畵像諸佛
慈光慧日大悲願力消我身心業惑霜露慈風
善振摧重業山法水長流洗我心垢惟願我等
及與父母速達心本永滅罪根法界衆生同
得淸淨　　又復歸依如是十方盡虛空界
一切三寶無量賢聖

때는 순치 18년 신축 7월 10일 청정한 믿음을 가진 제자 비구 의천이
삼가 발원합니다.

서방 극락세계 교주 아미타불
대지 문수사리보살
대비 관자재보살
대성 대세지보살

대원 지장보살

당래하생 미륵존불,

일대교주 본사 석가모니불

청정 법신 비로자나불

남순동자, 선재동자 등

탱화 속의 73위 모든 부처님께서 자비로운 광명과 태양보다 밝은 지혜와 큰 자비 원력으로 저희들이 몸과 마음의 미혹으로 인해 지은 죄업을 소멸시켜 주소서.

서리와 이슬 같은 미혹은 자비의 바람으로 없애 주소서.

무거운 산 같은 업장은 없애버리고 선행을 많이 행하게 하소서.

진리의 감로수를 오래도록 내리사 제 마음의 때를 씻어 주소서.

삼가 발원합니다.

저희들과 더불어 부모님들도 속히 본래의 마음을 깨달아서 영원히 죄의 뿌리를 소멸하기를 발원합니다.

법계의 중생들도 함께 청정한 마음 얻기를 발원합니다.

또다시 이렇게 시방의 허공계가 다 할 때까지 일체의 삼보와 한량없는 현인과 성인들께 귀의합니다.

時維

順治十八年辛丑七月十日清信弟子義天比丘惟願

西方極樂教主阿彌陀佛 大智文殊師利菩薩

大悲觀自在菩薩 大聖大勢至菩薩大願

地藏菩薩 當来彌勒尊佛 一代教主本師

釋迦牟尼佛 清淨法身毗盧遮那佛

南巡童子 善財童子七十三位畫像諸侯

慈光慧日大悲願力 消我身心業歲霜露慈虫

2)

海東朝鮮國江原道江陵大都護府地五臺
山內眞如院三重創大同參發願文
此寺始創自神龍元年至順治十七年庚子歲
一千一百三十五年也
嗟呼大哉如今宿世遇此勝因其易乎哉
實是盲龜遇木得見曇花况同參立盟以
爲來世相導之勝利乎非唯所薦先灵各得
解脫與茫ゝ沙界蠢ゝ含灵同入如來正妙之
域矣莫以今時不相識面爲虛切須佩持銘心
刻骨涅槃路上同游之日方知今日同結不朽
之因其中若有業重先滯者先登解脫者不
忘參契之意攝受引出以後已焉此同參
結契之勝利也昔者淨藏淨眼救妙莊嚴王
之類[13]是爲良證各須勉之
山中各現大德無影大師頤凜大禪參道人德堅
不無昔願不勝悲感如古重創大功德主義天伏爲
仙父一旺淸明道德成均狀元淑淨先生文斗
仙母崇善夫人李氏礼西兩位仙灵之位承此願
力俱生淨界次願各ゝ所ゝ緣化木手助役諸大
勸化士隨喜施主等伏爲上世先亡師僧父母
列位列名灵駕皆生淨界之願　敏洪敏英

13 『법화경』 「묘장엄왕본사품」 제27.

해동 조선국 강원도 강릉 대도호부의 오대산 진여원 삼중창
대동참 발원문

이 사원이 창건하는 시작은 신룡 원년으로부터 순치 17년 경자에 이르기까지 1135년입니다.

크게 감사하고 존귀하도다. 지금 같은 숙세에 이와 같은 대단한 인연을 만나는 일이 어찌 쉽겠습니까. 진실로 이것은 눈먼 거북이가 바다에 떠다니는 나무를 만난 것이고, 삼천년에 한 번 핀다는 우담바라 꽃을 보거나 얻은 것과 같습니다. 하물며 함께 동참해서 맹세의 서원을 세우고, 미래에 서로 극락세계로 인도해 주는 수승한 이익이겠습니까. 비록 먼저 가신 영가들의 해탈을 얻기 위한 천도뿐만 아니라 아득한 무량 무수한 세계의 꿈틀거리는 미물의 생명까지 함께 여래의 올바르고 미묘한 세계에 들어가기를 발원합니다.

이제 서로 얼굴은 알지 못하더라도 헛되지 않도록 반드시 간절하게 마음에 새기겠습니다. 또 각골명심하여 열반으로 가는 길에서 함께 유유자적하는 날, 바야흐로 오늘 함께 깨지지 않는 맹서의 인연 맺은 것을 알게 될 것입니다. 그중에 만약 업이 무거워서 먼저 남은 사람이 있으면 먼저 해탈에 오른 사람이 잊지 않고 계를 맺은 마음으로 섭수하고 찾아내서 참석시킨 이후에야 끝날 것입니다. 이처럼 동참 결계는 훌륭한 이익이 있습니다.

예전에 "정장과 정안이 묘장엄왕을 깨닫게 한 이야기"는 이것을 잘 증명하고 있습니다. 각자 반드시 동참 결계의 수행을 힘써 노력하시라. 현재 산중의 대덕인 무영대사 신름, 대참선 도인 덕견이 있었습니다. 예전에는 발원이 있었지만, 이제는 슬픔 감정도 견디지 못하고 있습니다.

옛날과 같이 중창한 대공덕주 의천이 엎드려 받드나이다.
선부 일국의 청명 도덕 성균관 장원 숙정 선생 문두
선모 숭선부인 이씨 예서 양위 선영의 신위께서
이 원력의 힘으로 함께 극락정토에 왕생하소서.

또 발원합니다.
각각의 여러 곳에서 화주한 인연들, 목수, 부역한 사람들,
여러 화주를 권선한 사람들, 기쁘게 시주한 사람들도 엎드려 받드나이다.

윗대의 먼저 가신 스승과 부모들의 여러 신위 영가들도
모두 극락정토에 왕생하기를 발원합니다.

海東朝鮮國江源道江陵大都護府地五臺
山內真如院三重創大象數願文
此寺如創自神龍元年至順治十七年庚子歲
一千一百三十五年也
嗟呼大象如今宿世遇此勝因其易乎哉
實是言誰遇木得見曇花況同象立盟以
為末世相道守之勝利乎非唯昕焉先昊各得
解脫与洼三沙界羣三舍其同游佩持銘心
域矣莫以今時不相諳面為虛切須佩持銘
刻骨涅槃路上同游与日方知今日同結不朽
之因其中若有業重先滯者先登解脫者不
忘叅契与意攝受引出而後已焉此同叅
結契与勝利也昔者淨藏淨眼救妙莊王
之類是為良證各須勉之
山中名現大德無影大師願凜大禪叅道人德堅
不無昔創不勝非感如古重創大刧德美義天伏
爲

9. 1662년 순천 송광사 목조관음보살좌상 조성발원문

觀音造像發願文
返聞ゝ性悟圓通　上同慈力下同悲
觀音佛賜觀音號　三十二應徧塵利　　是以內人辛丑生盧氏禮成深發大願康
　　　　　　　　　　　　　　　　　熙元年壬寅正月日敬造觀音菩薩像願
　　　許氏　　　　　　　　　　　以此功德普及於一切我等與眾生皆共成
　　　李氏慶安君兩位壽命長遠　　　佛道
　　　　庚子生朴氏盧氏壽命長遠
　　　　尹氏保体壽命長遠

관음상 조성 발원문

듣는 성품을 반조해 들으며 통찰하여 원만한 자성을 깨달았네.
관음불이 관음이라는 이름을 지어 주시네.
위로는 자비의 힘이 같고 아래로는 연민심이 같으시니
삼십이응신의 방편이 모든 세계에 가득하시네.

경안군 이씨와 부인 허씨 두 분이 오래도록 장수하시기를 발원합니다.
경자생 박씨, 노씨의 수명 장원을 발원합니다.
윤씨의 수명장원을 발원합니다.

또 나인 신축생 노예성이 깊은 신심으로 큰 원력을 일으켜서
강희 원년 임인 1월 일에 공경히 관음보살상을 조성하나이다.

이 불상을 조성한 공덕을 널리 일체의 법계에 회향하오니
저와 일체중생들이 다 함께 불도를 이루기를 발원합니다.

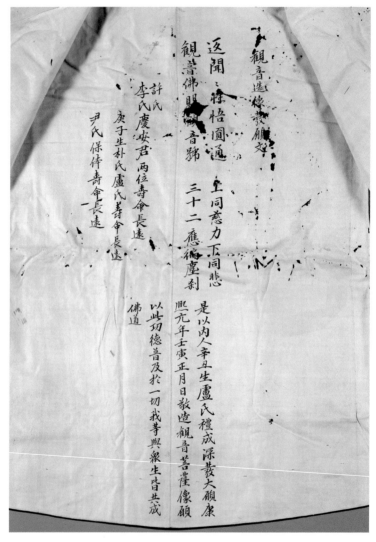

송광사 성보박물관 사진 제공

10. 1665년 곡성 도림사 목조아미타여래좌상 조성발원문

願文
佛慧流於幾劫法性滋於憶千佛法同傳萬
類滋榮於是諸趣苦類同沾大惠得性道心
今者一切共結檀施同歸樂土蒙其授記願我
新造極樂導士阿彌他佛願諸施人等得生西方受
諸快樂是所願也
願以此功德普及於一切我等與衆生皆共成佛道
…

　　　　　　康熙三年乙巳五月晦日

　발원문

　부처님의 지혜는 몇 겁을 통해 전해졌기 때문에 법의 성품은 저 천억의
많은 수로 증가하였습니다. 부처님의 지혜와 법은 함께 전해졌기 때문에
수많은 중생의 영예가 늘어났습니다. 이제 여러 육도 윤회 속에서 고통받
는 중생들이 모두 큰 지혜가 더해져서 성품을 깨달았습니다. 지금 도의
마음이라는 것은 일체의 시주한 단월들이 함께 인연을 맺고 함께 극락정
토의 아미타불께 귀의하여 부처님의 수기를 받는 것입니다.

　발원합니다.
　저희들이 극락 도사 아미타불을 새로 조성하였습니다.
　바라건대, 여러 시주한 사람들이 시방의 정토에 왕생해서 모든 쾌락 받

기를 발원합니다.

부처님을 조성한 공덕을 널리 일체 법계에 회향하오니
저와 일체중생들이 다 같이 불도를 이루기를 발원합니다.
…
강희 3년 을사 5월 마지막 날

불상을 만든 염원 발원문 1

11. 1667년경 화순 쌍봉사 목조지장보살삼존상과 시왕상 조성발원문

全羅道綾州地仲條山雙峯寺新造成 地藏菩薩左補處道明尊者右補處無毒鬼王十
王造成安于 伏願
佛日慧燈長明不盡風調雨順歲稔時康 主上三殿萬歲無窮萬國祈慶四邊寧靜 十
方抱識同爲極樂之化生 法界含靈共作地藏之海衆 次願 各各結願隨喜施主與勸
化助緣比丘等現增福壽當證菩提能度百千無數衆生 次願

전라도 능주 지역의 중조산 쌍봉사에 지장보살, 도명존자, 무독귀왕,
시왕상을 새로 조성하여 봉안한 발원문

엎드려 발원합니다.
부처님의 가르침인 지혜의 등불이 영원히 꺼지지 않게 하소서.
알맞게 비가 내리고 해가 비추어서 해마다 풍년이 들고 항상 건강하게
하소서.
주상삼전하 만세무강 하시기를 발원합니다.
온 나라가 경사스럽고 사방이 평안하고 조용하기를 비나이다.
시방세계 아는 사람 모두 품어서 극락세계의 연꽃에 태어나게 하소서.
법계의 일체중생도 함께 지장보살의 바다와 같은 대중이 되게 하소서.

또 발원합니다.
각각 발원의 인연을 맺은 분들, 기쁜 마음으로 따라 시주한 분들,
선을 권하고 화주 하신 분들, 불사의 일을 도와준 비구 등 모든 분들이

현생에서 복과 수명이 증장하고, 내생에는 보리를 증득하여
능히 백천 만억의 무수한 중생들을 제도하게 하소서.

운혜, 목조지장보살좌상, 1667년경, 화순 쌍봉사

12. 1672년 순천 동화사 목조지장보살삼존상과 시왕상 조성발원문

樂安桐華寺十王造成記文

昔大覺國師者乃新羅之道人也翫湖南之幾境建叢林之兩寺矣未久¹⁴又訪於浮搖

望山嶺於開雲遂歷銓之勝

境得東嶺南麓慕修堂宇儼善化城國運屢值戰復去壬辰兵火之變藤蘿高爵於蔽日

但有久歲施層石矣去

庚辛之間道人法弘禪師慷慨發心重創東西各室已具矣惟欠者十王等相而耶康熙

八年己酉之秋慈善道人省元禪師欲使修

善之眞風慨然發心壬子仲春請迎于畫師雲惠勝鈞等造成道明尊者與十王判官鬼

王將軍童子使者等尊像五月十七日點

眼道場移安于開雲山桐華寺謹備香燈供具　　　因玆奉祝

　　　　　　　　化士比丘省元與緣化各ゝ結願隨喜施主等願以此供

德普及於一切我等與衆生皆共成佛道

主上三殿下壽萬歲

…

康熙十一年壬子五月十七日普俊撰

　낙안 동화사 시왕 조성 기문

　옛날 대각 국사는 신라의 도인입니다. 호남의 지역을 몇 번이나 구경하

14　미구 : 未久不遠의 줄임말이다. 그리 오래지 않고 가까움의 뜻이다.

고 두 곳의 총림을 건립하였습니다. 오래지 않아 또 찾아와서 관람하다가 산 고개를 바라보니 상서로운 구름이 피어오르고 있었습니다. 이로부터 개운산이 드디어 역사의 훌륭한 장소로 뽑히게 되었습니다.

동쪽 고개의 남쪽 언덕을 얻어 부처님의 수행을 우러러 받드는 당우를 세우니, 의젓하고 점잖아서 화성처럼 훌륭하였습니다. 나라의 국운이 거듭 전쟁을 자주 당하였습니다. 지난 임진왜란의 병화로 절터가 잿더미가 되더니, 덩굴들이 높고 울창하여 해를 가렸고 세월이 오래되어 석탑도 기울었습니다.

경술년과 신해년 사이에 도인 법홍 선사가 비분강개한 마음으로 발심하여 동서의 각각 요사채를 갖추어서 중창하였으나, 오직 결함이 있다면, 그것은 시왕 등의 여러 상이 빠져있기 때문입니다. 강희 8년 기유의 가을에 자선도인 성원 선사가 훌륭한 수행의 참된 풍속을 진작시키려고 분연히 마음을 일으켰습니다.

임자년 봄에 화사 운혜, 승균 스님을 초청해서 도명존자, 시왕, 판관, 귀왕, 장군, 동자, 사자 등의 존상을 조성하여 5월 17일에 개운산 동화사에 이운하고 봉안하여 점안하였습니다.

삼가 향과 등과 공양물을 갖추고 준비해서 봉축하고 발원하였습니다.
화주한 성원 비구와 불사를 같이 도모한 각각의 발원을 맺은 계원들과 기쁘게 따르며 시주한 이들 덕분입니다.

이 불사를 한 인연 공덕을 널리 일체 법계에 회향하오니
저희와 일체중생이 다 같이 불도를 이루기를 발원합니다.

泰安桐華寺十王造成記文

昔大覺旺師者乃新羅之道人也就湖南之奇境建叢林之四寺矣未久又訪於浮槎望山嶺終開雲逐歷銓之勝

境得東嶺南麓肇修堂宇俶為化城旺運屢值劫復去壬辰兵火之後騰羅鴈鶩蓼敝日俱有光菠雜居矣兵去

庚辛之間道人法泓禪師慷慨發心重創東西含其矣惟欠者十王等相而耶康熙八年己酉之秋慈善道人省元禪師敦使作

菩是頁風颿胧發心字仲春請迎于畫師雲惠勝鈞等造成道明尊者與十王官荊冥王將軍童子使者等尊相立月十七日虔

13. 1676년 고창 선운사 목조도명·무독귀왕과 시왕상 조성발원문

願文

盖聞皆於本目立大擔願一現慈容一現威相侍我

地藏助揚眞化廣濟群迷後若與樂由是上來

以此功德伏願

主上殿下壽無極而等乾坤德至明而齊日月法

輪常轉於無窮國界恒安而不亂次願各ゝ施

主等現世三災永息五福增崇後世當生善處快

樂無窮亦願同共發願謹運至誠常住讚唄

祝願比丘等勸修戒定三毒永斷報佛大恩未來速

妙果次願懇修齊戒¹⁵敬造良工比丘等今世能滅千災成

就万福當來同生極樂鄉願隨喜助緣與緣化比丘等

及幹善大化士等今世壽命不夭福樂交時未來當證

佛果願以此功德普及於一切我等與衆生極樂國同

見無量壽生皆共成佛道　　　　施主秩

康熙十五年丙辰五月日造成十王也

발원문

대체로 불교의 모든 이야기를 들어보면, 본래 마음의 안목을 확립해서

---

15 재계 : 부정한 일을 멀리하고 신심을 깨끗이 함.

큰 서원을 짊어지는 것은 한 번은 자비로운 얼굴로 나타나고, 한번은 위엄스러운 모습으로 나타납니다. 제가 지장보살을 모시고, 몸과 마음을 참으로 감화시키고, 널리 어리석은 중생들을 제도한 후에 더불어 열반의 즐거움을 받겠다는 것과 같습니다. 이런 이유로 위로부터 내려오는 이 공덕 앞에 엎드려 발원합니다.

주상전하의 수명이 다함이 없어서 천지와 같게 하소서.
덕은 지극히 밝아 일월과 같아지소서.
법륜은 항상 하고 무궁하게 하소서.
법계는 항상 편안하여 어지럽지 않게 하소서.

다시 발원합니다.
각각의 시주하신 분들은 현재 세상에서 삼재가 영원히 없어지게 하소서.
오복은 더욱 증장하여 가득 차게 하소서.
후세에는 마땅히 좋은 곳에 태어나게 하소서.
행복한 즐거움은 무궁하게 하소서.

또 발원합니다.
함께 한 마음으로 발원하며 삼가 지극 정성으로 이운합니다.
상주해서 독송하고 염불하고 축원 드리는 비구들이 계정혜를 힘써 닦아서 탐진치를 영원히 끊게 하소서.
부처님의 크나큰 은혜를 갚게 하소서.
미래세에는 속히 부처님의 묘과를 얻게 하소서.

또 발원합니다.
간절한 마음으로 신심을 깨끗이 하는 재계를 닦나이다.

삼가 조성한 훌륭한 기술자 스님들이 금생에는 능히 천 가지의 재앙이 소멸되어 만복을 성취하게 하소서.

죽자마자 극락의 고향에 왕생하길 발원합니다.

기쁘게 같이 도와준 인연들과 불사를 주관한

비구들과 간선 대화사들이 금생에는 요절하지 않게 하소서.

복과 즐거움이 번갈아 가며 들게 하소서.

내생에는 불과를 증득하게 하소서.

이 불사의 공덕을 널리 일체 법계에 회향하오니

저희들과 일체중생이 극락국에서 함께 무량한 생명으로 살아 계시는

부처님을 친견하고 다 같이 불도를 이루게 하소서.

강희 15년 병진 5월 일에 시왕을 조성하였습니다.

願文

蓋前皆於本日立大擔願一現善容一現威相侍我

地藏助揚真化 廣濟群迷授苦與樂由是上來

以此功德伏願

主上殿下壽無彊而等乾坤 德至明而齊日月法

輪常轉於無窮國界恒安而不亂次願各之詞

主等現世三灾永息五福增崇後世當生善慶状

14. 1677년 울진 불영사 석조석가여래삼존좌상과 나한상 조성발원문

康熙十六年丁巳七月旬日[16]化主幹定山人克慧禪師發願

　　文記　者始於丙辰歲次

始於願共諸檀越等塵財物已勸施受不朽之良因結緣

死恨不顧不飽寒熱[17]莫憚勒行苦得擧目明三月至日送

昧節三時單恨屯功成矣況於千里山高水闊不然調行

獨運恨思頻湄長呈豈非耶可勝哉

右[18]丁巳五月爲初始役之終於七月旬日畢役不日成之造佀[19]也

左[20]嘆在天仰悲願稽首待有欲成如子億母如渴者

思水就地造像處慶尙左道慶州東嶺山乃谷至造成于

佛影寺安邀

강희 16년 정사 7월 10일 화주 간정산인 극혜선사 발원문기
시작한 것은 병진년 다음 해이다.

처음 발원을 함께 시작해 모든 단월들이 티끌 같은 재물을 몸소 권선하
고 보시해서 영원히 없어지지 않는 원인과 결과의 좋은 인연을 맺었습니

16　1677년 7월 10일, 白紙墨書.
17　원문은 爇.
18　傍書함.
19　佀은 佛.
20　傍書함.

다. 원망스러울 정도로 힘든 죽을 고비도 상관하지 않고, 춥고 더움과 배고픔과 힘들고 고통스러움에도 개의치 않고, 눈이 밝은 부처님을 얻었습니다. 그리하여 이듬해 3월 하짓날 새벽 3시에 묶어 보냈습니다. 삼시[21]의 말법 시대를 만난 것에 참으로 원통해 하면서 모든 것을 완성하였습니다. 하물며 저 높은 산과 넓은 계곡의 천리길을 가면서 보호하기 쉽겠습니까? 혼자 운반하는 힘든 긴 여정을 생각하면 자꾸 눈물이 나지만 어찌 이겨내지 못하겠습니까? 처음 정사년 5월에 시작한 후로 마지막 7월 10일, 며칠이 지나지 않아 불상 조성을 마쳤습니다.

아! 하늘에 우러르며 불보살의 대비원력에 머리 조아려 절하며 발원합니다.
기대하는 것이 모두 이루어지고, 아들이 어머니를 생각하듯, 목마른 자가 물을 생각하는 것처럼, 원하는 곳에 불상을 조성하였습니다.

경상좌도 경주 동쪽 고개의 천축산 계곡에 이르러 조성한 불상을 불영사에서 맞이하여 봉안하였습니다.

---

21 三時는 정법과 상법과 말법 시대를 말한다. 여기서는 말법 시대를 의미한다.

康熙十六年丁巳七月旬日化至幹之山人克襄神以...

文記　者始於丙辰歲便次

始於顧共誚擅越孝塵財物乞勸施於不稀之良因信像

死恨不顧不能寒藝莫憚勤行豈浔攀目明三月至日送

誅斯三時單恨也切成矣況於童山高水凍不敗調行

獨運恨患類瘠長呈堂邪耶可綉哉

巳五月爲初始後之條於七月旬日畢俟不日成之選伸也

嘆哉天倾悲郎稽有待有欲成如子憶母如渴者

思水就地迷像處慶尚古迺虞州東嶺山乃咎至送欽子

15. 1678년 목포 달성사 목조아미타여래삼존좌상 조성발원문

發願文
仰觀宇宙之內唯夫主靈
府察品類之中唯人最靈
嗚呼咄哉幸得人身前因輟
雜縱稟微形心志昧劣六根
暗鈍不修自性濫厠淸衆之
末念忠信而佛遂恨未參於
鷲嶺嘉會[22]痛盲瞳於少林
眞風[23]了無自己之資熏豈有
利他之方樣念一年光陰之咠
猶白駒之過隙[24]思九族尊灵
之苦恰若紅焰之恒天歸依
無路假托世緣故就於萬德山
白蓮社欲爲古建今廢之殿
手持善文曆千村而行乞合
萬家之斗粟去年構成法
堂因爲今春迎請雲衲之良工

---

22 축령가회 : 영축산에서 부처님이 법화경을 강의한 모임. 지금 절의 모습도 그렇게 아름다운 법회라는 뜻이다.
23 소림진풍 : 달마대사 선종의 진정한 가풍이 펼쳐짐.
24 백구과극 : 흰 말이 지나가는 것을 문틈으로 보다. 눈 깜박할 사이처럼 세월이 빨리 지나감을 뜻함.

爲證十方三寶之慈尊畵後

佛靈山會敬造佛像三尊降

臨於獅子座上恒沙菩薩端

座於蓮葉花間造成功德因

緣不墮三途往生極樂親見阿

弥陀蒙授記自利利他各ゝ

施主等時消孼壽福增崇

日ゝ興雲此願綿ゝ不絶

十方諸佛作證明造成佛事

康熙十七年戊午五月日阿

弥陀觀音勢至三尊畢功

安于萬德山白蓮社

발원문

우러러 우주를 살펴봅니다.

오직 마음의 주인공으로 하는 생명체 중에서 관찰해 봅니다.

오직 사람이 최고로 신령합니다.

아~ 아 !

다행히 사람의 몸을 얻었으나 전생의 인연이 거칠고 잡됩니다.

타고난 바탕은 방종하고 형체는 작습니다.

마음과 뜻은 어리석고 열등합니다.

육근도 건강하지 않고 어둡고 둔합니다.

자성을 닦지 않아서 청중들과 섞여 있어도 엿보기만 합니다.

마음이 정성스러운 믿음도 없습니다.

부처님께 기꺼이 참여하지 않은 것이 한이 되었습니다.

저 영축산의 아름다운 법회도 까막눈 귀머거리여서 마음이 고통스럽습니다.

소림의 참된 가르침을 깨닫거나 자질도 없습니다.

어떤 이타적인 방법에 대한 본보기도 없습니다.

1년은 잠깐 사이에 아침 해가 떠오른 것입니다.

마치 흰 말을 문틈으로 보듯이 순식간에 지나갑니다.

가족의 구족 영가들의 고통과 즐거움을 생각은 하였지만,

붉은 불꽃이 하늘에 항상 하는 것과 같습니다.

길도 없는 임시 집에 돌아가는 것과 같습니다.

세상의 인연 때문에 곧 만덕산 백련사의 옛 건물에 부처님을 모시고자 하였으나 지금은 전각이 무너졌습니다.

손수 훌륭한 권선문을 가지고 천 개의 마을을 다니며 탁발하였고,

만 집을 돌며 곡식을 합하며 재물을 모았습니다.

지난해에 법당을 세웠습니다.

금년 봄에 기술 좋은 스님들을 청하고 맞이하였습니다.

시방 삼보 자존께서는 이 사실을 증명하소서.

영산회상 후불탱화와 삼가 불상을 조성합니다.

삼존이 강림하셔서 사자좌 위에 항하사 같은 많은 보살들이 단정히 앉으셨습니다.

연잎과 연꽃 사이에 조성한 인연 공덕을 지은 모든 사람이 삼악도에 떨어지지 않게 하소서.

극락에 왕생하여 아미타불을 친견하게 하소서.

언제 어느 때 부처가 된다는 수기를 받게 하소서.

자기도 이롭고 남도 이로운 보살행을 실천하게 하소서.

각각 시주한 이들은 재앙이 소멸하게 하소서.

수명과 복이 늘어나 가득 차게 하소서.

좋은 운수가 나날이 구름처럼 일어나게 하소서.

이 발원이 끊임없이 이어져서 끊어지지 않기를 발원합니다.

시방의 모든 부처님께서는 불사를 조성한 내용을 증명해주소서.

강희 17년 무오 5월 일.

아미타불, 관세음보살, 대세지보살
삼존의 조성을 마치고 만덕산 백련사에 봉안하였습니다.

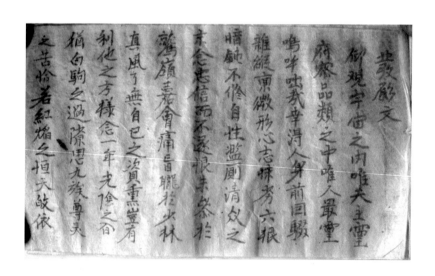

16. 1680년 곡성 도림사 목조관음보살좌상 조성발원문

觀音菩薩 發願文

…

通政大夫太洞比丘各各結願隨喜施主同生極樂國

座具大施主金弘老兩主今得福壽後生安養國

借駄來往助緣施主志詳比丘

若人誰無佛性誰無信心結不遇聖賢之敎

則亦不發無上業之心長沈苦海虛生頃

死以實可憫也諸佛種種方便敎化調伏令

其生信心成就無上佛果信之勉之也

願以此功德普及於一切我等與衆生皆共成佛道

康熙拾玖季庚申四月念八畢功而五月

集衆初三日慶讚無遮大會[25]也松岩禪師

以記書之

以拙才述之記之

一靈心地月亦淺海中沈

氣目望天外淸光徹古今

嗟乎浮世客未了此間吟

常作白雲伴當來正果因

---

25 경찬 무차대회 : 불상을 새로 만들거나 법당을 새로 지어 낙성하였을 때를 기념하여 축하하는 경찬 법회. 이때 훌륭한 스님을 초청하여 일체 평등한 財施와 法施를 행하는 대법회를 같이 하기도 한다.

관세음보살 조성 발원문

...

통정대부 태형 비구 각각 등 발원의 인연을 맺은 이들과
기쁜 마음으로 같이 시주한 이들이 함께 극락국에 왕생하기를 발원합니다.

좌구 대시주 김홍노 양주께서는 현생에서는 복과 수명을 얻으시고
임종 후에는 안양국에 왕생하소서.

말을 빌려주고 왕래하며 도와준 인연들과 시주한 지상 비구 등입니다.

만약 사람에게 부처가 없다면 성품에는 신심도 없어서 결국에는 성현의
가르침을 만나지도 못할 것입니다.
또 부처가 되려는 업의 마음도 일으키지 못하고 길이 고해에 빠져서 허
망한 인생과 잠깐 사이에 죽으면 참으로 불쌍할 것입니다.
일체 제불이 갖가지의 방편으로 교화하여 탐진치의 마음을 항복받게 합
니다.
중생에게 신심을 생기게 해서 더할 수 없는 부처님의 과위를 성취하게
합니다.
확실히 믿고 힘써 노력해야 합니다.

이 불상 조성 공덕을 널리 일체 법계에 회향하오니
저희들과 일체중생이 다 같이 불도를 이루게 하소서.

강희 19년 경신 4월 28일 공사를 마치고, 5월 3일 날 대중들이 모여 불

상을 조성한 경찬과 무차대회를 열었습니다.

　송암 선사가 그 기록을 적었습니다. 서툰 재주로 그것을 계승하고, 기록할 따름입니다.

　하나의 신령스러운 마음 달
　또 얕은 바다에 잠겨있네.
　기백 있는 눈으로 하늘 밖 바라보니
　깨끗한 광명은 고금을 관통하도다.

　슬프다.
　세상을 떠도는 나그네가 깨닫지도 못했지만,
　이 세상에서 항상 노래 부르며 백운과 친구를 삼았네.

　다음 생에는 올바른 부처의 인과를 심기를 발원합니다.

운혜, 목조아미타여래삼존좌상, 1680년, 곡성 도림사

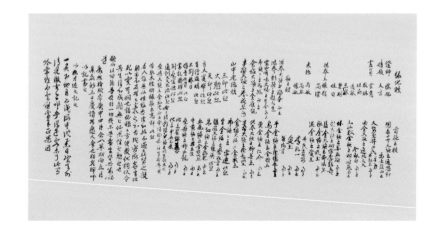

17. 1680년 광주 덕림사 목조지장보살삼존상과 시왕상 조성발원문(나주 영봉사 조성)

地藏大聖造成願文
康熙十九年庚申夏化主守誾和南謹封
伏爲弟子本以法界中一漚出沒四生會承微善受生人道靑年
祝髮白業²⁶無補勤與檀越諸子同發無量願王以自今至盡
未來諸常依地藏大聖親承印可頓悟無生引諸沈
溟登於覺岸之願謹債良工造成
地藏大聖兩補處十王等像而始役於今暮之初訖工
於仲夏之晦奉安靈鳳寺因己就願無量海
堯風永扇佛日長明國界恒安法輪常轉抑亦造成主與各ゝ
結願隨喜施主緣化等增五福當生九品者芳名皆列于后伏惟
地藏大聖證明功德
遺敎弟子爍昏子智暹和南謹記

지장대성 조성 발원문

강희 19년 경신 여름 화주 수은 합장하고 삼가 봉함

엎드려 받드나이다.
제자는 본래 법계 속에 한번 발을 딛는 바람에 사생육도를 윤회하였습

---

26 백업 : 선업, 착한 짓. 삼성업의 하나이다.

니다.

잠깐 작은 선행의 도움으로 인간으로 태어나는 과보를 받았습니다.

청년에 머리를 깎았으나 선업을 부지런히 개선한 것도 없었습니다.

시주한 모든 단월들과 함께 무량한 서원의 왕께 발심을 일으켰습니다.

지금부터 미래 세상이 다할 때까지 모든 사람이 항상 지장대성을 의지할 것입니다.

몸소 무생(쏀)을 깨달아 인가를 받을 것입니다.

명부에 빠진 일체중생들을 인도하여 깨달음의 세계로 인도하기를 발원합니다.

삼가 훌륭한 기술을 빌려서 지장대성, 양 보처, 시왕 등의 상을 조성하는 불사를 하였습니다. 늦은 초봄에 부역을 시작하여 5월 그믐에 공사를 마쳐서 영봉사에 봉안하였습니다.

이러한 인연들에 대한 무량한 바다와 같은 발원을 축원하였습니다.

태평성대가 영원하고, 부처님의 지혜는 영원히 밝을 것입니다.

나라는 항상 평안하고, 진리는 항상 할 것입니다.

또 발원합니다.

조성을 주관한 이와 각각 계를 맺고 발원한 이들,

기쁘게 같이 시주하고, 경영한 이들이

현생에서는 오복이 증장하고, 다음 생은 구품연대에 왕생하게 하소서.

방명록에 다 나열한 후에 삼가 지장 대성께서는 이 공덕을 증명해 주소서.

유교 제자 낙혼자 지섬이 합장하고 삼가 기록합니다.

문도 제자 종신 삼가 글씨를 씁니다.

地藏大聖造成願文

康熙十九年庚申夏化主守閑和南謹封

伏以第子本以法界中一漚尖浸四生會承微善奚生人道靑年
祝髮自業無補謹與檀越諸子同發無量願王以自今生至盡
未來除常依　地藏大聖親承即可頓悟無生引諸沉
湎登於覺岸之願謹債良工造成
地藏大聖兩大補慶十王等像而始役於今暮春之初託工
於伻夏之晦奉安靈鳳寺勝因已能願無量海
堯風永扇佛日長明國界恒安法輪常轉抑亦造成主興各
結願隨喜施主緣化等現增玉福當生扎品者芳名皆列于后伏惟
地藏大聖證明功德

遺教第子燦旬子智暹和南謹記
門弟宗信謹書

18. 1684년 강진 옥련사 목조석가여래좌상과 목조나한상 조성발원문(강진 정수사 조성)

新造像記文

竊惟

大阿羅漢[27]九品分位見思之惑修盡七返往來生死之源永斷終證四果其果也亞聖也其神也莫測其涯際也相屬虛假而若存若泯故隱隱卽眞不形之形基布於天下爲世福田作人歸仗者其惟阿羅漢歟歲在甲子之春山之衲明彦其名者有志新構聖殿而盡罄己財兼募檀那欄楯戶闥不日成之丹雘之麗又極簡淡而竈室凄凉寓目傷神者俗無植福之處僧無投敬之地豈非名刹之一欠事耶山中道人玲雲其名者欲爲聖像而銳意先登手持勸文千村萬家募得金諾鳩財集匠訖功於是年之冬十一月十八日初三尊則妙體端嚴次十六眞容則炳煥靈明星月交輝於紺殿金珠[28]互露於銀盤光愈舊制麗極新成而嵬然粹然主伴[29]雙成佛日再明於今日法林重蔚於山間可謂世世結勝緣也聖經[30]日造佛造塔皆成正覺傳燈日迦葉昔爲金師佛面塗金今號飮光尊者應不忒奚足疑也請記於余余嘉其誠之異之今敍立功之蹟爲以後日之鑑姑述其大槩[31]又擧檀信姓氏列之于左永鎭山門俾後有攷焉　願以此功德上至有頂下及無間同登覺岸

康熙二十三年歲在甲子南至月下灂雲溪寒衲天機記

---

27 대아라한 : 부처님을 뜻함.
28 금주 : 금은 부처님, 구슬은 여의주로 십육나한을 의미함.
29 주반 : 주반장의 줄임말이다. 고려 때, 화엄교학을 강설할 때 쓰던 의기 가운데 하나이다. (권실 등)
30 조상경 : 불상을 조성하는 공덕을 말한 경전.
31 대개 : 대개장의 줄임말이다. 개략적인 중요한 내용을 적은 글발이나 문서의 총칭이다.

불상 조성 발원문

마음으로 생각합니다.

대아라한이 구품의 신위를 분신하는 것은 견혹과 사혹을 다 닦고 일곱 번 왕래하는 생사의 근원을 영원히 끊어서 마침내 사과의 과위를 증득했기 때문에 성인이고, 신이라서 그 끝을 측량할 수 없습니다. 서로 허상과 가짜에 속해 있어서 있는 것 같기도 하고 없는 것 같기도 합니다. 분명하지 않고 은은하여 진짜 형상이 아니지만 형상의 기틀이 있습니다. 천하를 위해 베풀기 때문에 세상 사람들이 귀의해서 의지할 수 있는 복전이 되는 것은 오직 아라한뿐입니다.

갑자년 봄에 산의 납자인 명언 스님이 그 성전을 새로 지으려는 뜻이 있었습니다. 자기의 재산 모두 다 비우고 다시 집집마다 단월들에게 모금하여 얼마 되지 않아 집과 문을 달고, 그 단청도 아름답게 완성하였습니다. 또 지극히 질박하고 깨끗한 감실이 처량하게 비어 있는 것을 눈여겨 보았습니다. 정신과 마음을 상하는 것은 세속에서 복을 받기 위해 선행을 할 곳에 복을 심지 않았거나 승려들에게 공경해야 할 땅을 준 것이 없기 때문입니다. 그러나 이것이 어찌 이름난 사찰의 한 가지 흠이겠습니까.

산중의 영운이라고 이름하는 도인이 성인의 모습을 만들려고 단단히 마음을 먹었습니다. 먼저 권선문을 직접 만들어 수천의 촌락과 만여 집으로 모금 길에 올라 재물을 거두어 모으며 굳은 승낙까지 얻었습니다. 장인을 모집하고 이제 공사를 끝낸 것이 그해 겨울 11월 18일입니다.

처음 삼존상을 조성했는데 뛰어난 상호가 단정하고 엄숙하였습니다.

다음에 십육아라한의 진실한 모습은 신령스럽게 밝고 선명하고 빛나고 하늘의 별과 달이 서로 빛나는 듯합니다.

저 감전에 부처님과 십육아라한은 감로의 생명수입니다.

둥근 달처럼 빛남은 옛날의 법도를 뛰어넘었습니다.

새로 조성한 것이 지극히 아름답습니다.

거룩하구나.

순수하고 천진스러운 십육존상과 부처님이 함께 이루어져서 부처님이 다시 오신 것 같구나.

오늘 불법의 총림이 더욱 편안하여 이 산속이 오래도록 훌륭하고 좋은 인연을 맺은 것이라고 말합니다.

성인의 경에서 말했습니다.

"부처님을 조성하고 탑을 건립하는 것은 다 올바른 깨달음을 성취하게 한다."

전등록에서 말했습니다.

"가섭이 옛날에 금사불의 얼굴에 금을 칠하였다. 그래서 지금의 호가 음광존자이다."

인과의 결과가 당연하여 틀리지 않습니다.

어찌 근본 원인을 의심하겠습니까.

나에게 기문을 청하였습니다.

내가 그 지극한 정성스러움이 지금도 다르지 않음을 아릅답게 여겼습니다.

공훈을 세운 사실을 쓰는 것은 뒷날의 귀감을 삼기 위해서입니다.

그 대체적인 중요한 핵심을 적습니다.

또 신심 있는 단월들의 성씨들을 모아서 좌측에 기록합니다.
영원히 산문을 편안하게 하고 후인들로 하여금 깊이 헤아리게 하는 것
이 있을 것입니다.

이 불사한 공덕이 위로는 마정수기를 받는데 이르고,
아래로는 무간지옥이 없어져서 함께 피안에 오르기를 발원합니다.

강희 23년 갑자의 동지날 10일 달빛 아래에서 계한 납자 천기를 씁니다.

新造像記文

竊惟

大阿羅漢九品分位見思之惑修盡七返往來生死之源永斷終證四果其果也亞聖也其神也莫測其涯際也相屬慶殿而若存若泯敬隱こ即真不形之

世福田作人歸依者其惟阿羅漢歟歲在甲子之春山之神明彥其若者有志新搆聖殿而盡礱已財蕙募檀那撊戶閭不日成こ丹雘之麗又拯簡淡而龕堂凄凉富日

傷神者縱典植福之慶僧無投敬之地豈非刻一次事耶山中道人玲運其名者欲為聖像而銳意先登手持勸文于村萬家募得金諸簡匠託功於是年之冬十

月十八日初二尊則姙體端嚴次十六真次容則炳煥靈明星月交輝按紐殿金珠互露於銀盂光愈舊制麗新成而巋然拜跪主汗雙成佛日再明於今日法林重蔚於山

姑述其大槩又廐檀信姓氏列之于左永鎮山門俾後有攷焉

可謂世こ待勝緣也聖經曰造佛造塔皆成正覺傳燈曰如葉昔為金師面塗金今號歆先尊者報應不忒愛之疑也請記於余こ嘉其誠之異之冷猷立切之蹟為以後日之鑑

形基布於天下為

顧以此功德上至有頂下及與间同登覺岸

康熙二十三年歲在甲子南至月下澣雲溪寒衲天揆記

子郎下壽千秋

主上殿下壽萬歲
妃殿下壽齊年
王子郎下壽千秋

二尊施主金氏伯叩
三尊施主韓命龍叩
四尊施主韓會伊叩
五尊施主灙褕艮叩

檀那芳目

主佛大施主宗見監
左補慶施主高晶監
右補慶施主顯祺叩
黃金大施主節兼鵬叩
鳥金施主金龍叩
鳥金施主崔喜叩
迦葉施主裴文擇叩
阿難施主裴文擇叩

忠禮保体
南潤良叩
金氏叩
洪喜叩
真陽保体
李應連叩
梁雲戲叩
梁喜文叩
崔同伊叩
張命云叩
戒清比丘
金念孫叩
頓悟比丘
賀珤比丘
剋敏比丘
宝鑑

同九孫叩
趙夢男叩
石雞與叩
金秋賑叩
金善金叩
金今立叩
洪命伊叩
姜戒上叩
韓命善叩
朴山龍叩
朴貴一叩
朴月中叩
崔月先叩

黃閏海兩
金奉拈叩
石雞與叩
崔甲戈叩
金秋賑叩
金善金叩
金今立叩
洪命伊叩
戒清比丘
姜祉民叩
金應生叩
金南伊叩
金應伊叩
崔清江叩
崔命宗叩
崔月先叩

金士孟叩
崔厚仁叩
孫准伊叩
徐厚仁叩
姜申壽叩
韓命善叩
珠陽保体
蹟積保体
金南半伊叩
金應生叩
姓裕比丘
性心伊叩
崔俌明罶叩
崔清江叩
崔命宗叩
節成龍叩

本寺帳
住持法明
三綱善梅
首僧善雄
持寺性天
持殿埋澄
彌俊
敏岩
日軒
雷然
時應
賀珤
守欣
明敏
德仁
福明
招招
行宗
文印比丘
雙岩
翠岩
信祐
道見比丘

一重
越岡
性裕
雲現
信瑚
王均回
廈心
雄邀比丘
招玉比丘
文印比丘
道見比丘

良工帳
上工色難比丘
次工狌坦比丘
副工通軒比丘
襄賢比丘
楚卞比丘
嶺遂比丘

綠化帳
證明性元比丘
奉儀比丘
應眼比丘
顧頭明玉比丘
信行比丘
冶匠朴玲立叩

海宣
印安
法輝
克徹
克敏
學揭
敏垣
彌垣
輝海

19. 1684년 순천 송광사 불조전 석조여래좌상
조성발원문

發願文
時維康熙二十三年甲子四月　　　施主尹天宗謹捨淨財現增福
壽當生淨利之願敬造
圓滿報身盧舍那佛　　　　　右伏以
法身無相乃卽相而示現報體圓明離方處而周徧恭惟
圓滿報身盧舍那佛常住於三世間不爲於所凌滅是故一聞名
號則衆罪盡除一念歸投則萬善畢集今此尹天宗恭捐珍具處
慕良工幸成　寶德之尊像庶表神誠之嚴儀異某前願克遂
本心伏惟發志心願兼募衆緣共成厥功謹封
聖前依法慶懺者造相施主

강희 23년 갑자 4월 시주자 윤천종이 삼가 깨끗한 재물을 희사합니다.
현생에는 복과 수명이 증장하고, 다음 생에는 극락정토에 왕생하기를
발원하며 공경하는 마음으로 원만보신 노사나불을 조성합니다.

법신은 모양이 없음으로써 상을 삼기 때문에 시현합니다.
보신의 본질은 본래 원만하고 밝아서 장소를 여의었기 때문에 안 계신
곳이 없습니다.
오직 원만보신 노사나 부처님을 받들어 모십니다.
과거, 현재, 미래의 삼세간에 상주하십니다.

중생들을 가벼이 여기지 않기 때문에 멸도하지 않습니다.

이런 이유로 명호를 한번 들으면 곧 중생들의 죄업이 다 없어집니다.

일념으로 귀의하고 의지하면 곧 만 가지의 선업을 이루어 완성하게 됩니다.

오늘 윤천종이 삼가 보배들을 함께 기부하였습니다.

각처의 기술장인을 모집하여 다행히 덕스럽고 보배로운 존상을 완성하였습니다.

귀신같은 솜씨와 정성으로 엄숙한 모습을 거의 표현하였습니다.

다른 사람들도 그 전의 발원을 마침내 본인의 마음으로 이루어 낸 것입니다.

엎드려 생각합니다.

본심으로 발원하고 또 모금에 동참한 모든 인연들도 함께 성불할 것입니다.

그 공적과 공덕을 삼가 받드나이다.

성인의 예전 법도에 의지해서 기쁘게 참회한 스님들과 불상을 조성하는데 시주한 사람들을 적습니다.

嚴願文

時維康熙二十三年甲子四月　施主尹天宗謹捨淨現增福

壽當生淨刹之願敬造

圓滿報身盧舍那佛

右伏以

法身無相乃即相而示現報體圓明離方處而周徧恭惟

圓滿報身盧舍那佛常住於三世間不為所侵滅是故一聞名

孫則眾罪盡除一念歸投則萬善畢集今此尹天宗恭推珎處

慕良工幸成　寶德之尊像廣表神誠之嚴儀冀其前願克遂

20. 1684년 기장 장안사 석조석가여래삼존좌상과 나한상 조성발원문

機張縣地北嶺佛光山長安寺佛像記
康熙二十三年甲子六月日傳佛心印扶宗樹教曹溪圓照嫡孫道人
懸月子日天焚香謹書
佛光者一國之常一名山也長安寺者西方極樂之寺名也此山題名依俙
行佛靈鷲之場是目燦然安樂會之處故天下之中佛光山一也諸
刹之內長安居首也東之萬業峰高聳西之○○礆名基南向○
三角○石依俙..............................

기장현의 북쪽 고개인 불광산 장안사 불상기

경희 23년 갑자 6월 일에 부처님의 심인을 전하고,
조계종지를 가지고 가르침을 세운 조계의 원만하게 빛나는
적손 도인인 현월자 일천이 향을 사르고 삼가 씁니다.

불광은 한 나라에 항상 하나씩 있는 산 이름입니다.
장안사는 서방정토인 극락세계를 절 이름으로 삼았습니다.
이 산의 이름과 사찰 이름은 먼저 부처님의 영축산과 비슷한 것을 따랐습니다.
이 영축회상의 눈부시게 빛나는 안락한 모임에서 사명을 지었습니다.
그러므로 천하 중에 불광산은 오직 하나뿐입니다.
모든 사찰 안에서도 장안에 사는 것이 으뜸입니다.

동쪽은 만업봉이 높이 솟아 있고 서쪽은 … 이름난 석간수의 근본입니다.

남쪽 삼각봉은 … 비슷한 돌에서 이름을 지었습니다.

… 정토의 화려한 아름다움을 본 자는 마침내 갈 것입니다.

각각 기쁘게 같이 시주한 사람들은 영원히 삼계를 떠나서 무루의 복을 얻을 것입니다.

영산회주와 십육나한께 각자 스스로 마음으로 받들며 발원합니다.

職張縣地北嶺佛光山長安寺佛像記

康熙二十三連甲子六月ㅅ傳佛心印挾宗嗣教漕溪圓照嫡孫道人

懸月子日天然象謹書

佛光寺一旺之嵩一名山也長安寺在西方極樂之芳名也此山題名依佛

彷彿靈鷲之墟峩目嫩安樂會之區故天下之中佛光山一也話

剝之內長安居首也東之芳峯萬等西之芳置硘名墅南向芳

三角殖石依佛三佛之尊容山川芳曲水排細行彿孔龍之戰作也

淨藥滑洞之道場建太叢林而叢林之中一物澈之則太鼻也此中腔

兄者十六聖衆与太寅府之會也有道人學印豐衎二師懷懞余度之

21. 1685년 고흥 능가사 목조석가여래삼존좌상과 나한상 조성발원문

〈前面〉

　　新造成一如來六菩薩十六大阿羅漢二九童子
　　二使者二帝釋兩金剛諸端嚴相記願
康熙乙丑六月日南閻浮提朝鮮國全羅道興陽縣八
影山楞伽寺比丘尚機發大願生大信募諸檀那求諸
妙工敬造　　　本師釋迦如來相與提花彌勒迦葉
阿難文殊普賢六大菩薩及大阿羅漢十六帝釋二
童子二九監齋直符二使者左右金剛諸端嚴相奉安于斯
山是寺其造成始本自其年季春至四月夏末月會圓
以此勝妙功德結勝因於現世證妙果於未來天報有窮
非吾所仰佛果無漏是吾攸求亦願檀那所施夥尠不分
法界所生冤親不別解天懸於六道登佛法之一乘虛
空有窮此願無盡　十方諸佛同垂證明　　　時維
康熙二十四年乙丑六月日　秀演 謹記 懶忍 謹書

　새로 조성한 여래 1구, 보살 6구, 나한상 16구, 동자 29구, 사자 2구, 제석 2구, 금강 2구 등 모두 단정하고 엄숙한 상들을 기록한 발원문

　강희 을축년 6월 일
　남섬부주 조선국 전라도 흥향현 팔영산 능가사

비구 상기가 대원을 발원하고 큰 신심을 일으키나이다.

여러 단월들에게 모금을 하고, 여러 신묘한 기술자들을 구해서 삼가 조
성하나이다.

현세의 본사이신 석가여래상, 제화갈라보살, 미륵보살
가섭존자, 아난존자
문수보살, 보현보살, 6대 보살
대아라한 16분, 제석 2분, 동자 29분
감재와 직부사자, 좌우 금강 등
여러 단엄한 존상들을 이 산의 이 절에 봉안하였습니다.

그 조성은 본래 을축년 늦은 봄에 시작하였습니다.
4월과 여름 끝 달에 이르러 온전하게 불상들이 모였습니다.
이 수승하고 신묘한 공덕과 수승한 인연을 맺음으로써
현세에서는 해탈의 묘과를 증득하게 됩니다.
미래에는 하늘나라의 과보가 무궁하게 있을 것입니다.
제가 무루의 불과를 바라지는 않더라도 이것이 제가 구하는 바입니다.

또 발원합니다.
시주한 단월들의 보시가 많고 적음을 나누지 않고 다 법계에 왕생하게
하소서.
원수와 친척을 분별하지 않고 하늘의 빛처럼 살게 하소서.
육도는 불법의 일승으로 귀결됩니다.

허공이 무궁하듯이 저의 발원도 다 함이 없나이다.

시방의 모든 부처님께서 함께 자비를 드리우셔서 이 일을 증명하소서.

경희 24년 을축 6월 일 수연 삼가 기록하고, 나인 삼가 씁니다.

색난, 목조석가여래삼존좌상, 1685년, 고흥 능가사

색난, 목조나한상과 제석 등, 1685년, 고흥 능가사

22. 1688년 울진 불영사 석조지장보살삼존상과 시왕상 조성발원문

娑婆世界南贍部洲朝鮮國京畿道洛陽城含元殿裏居大施主宋氏節伊大施主李氏
英

益大施主朴氏老貞等徒生季世不逢玉像幸承夙世之正因功陪刹利之聖帝身棲豪
貴之中心

結蓮胎之上不貪五欲之三常廣修六度之萬行虔命淨界桑門以付儲箱財寶齋沐致
誠與我

無異倣優闐之刻工做諸聖之尊像幽冥會宛爾尚存冥府王儼然列座　伏願主上殿
下文

經武緯日盛月新王妃殿下百神奏瑞四方致和世子邸[32]下秀分天粹英冠神鋒亦願
己身等壽

星永曜福辰長明災同春雪隨慧日而俱消德若秋雲[33]共慈風而並扇伏願引勸大功
德主惠能

大師與化主坦默應坦等此受功德徒生至死永無障碍世世常生法王之家龍宮海藏
一聞千

悟菩提之大道念念不退速成正覺廣化群生共報佛恩之願各各緣化等災消障盡福
足慧圓

戒定勤修三毒永斷　康熙二十七年戊辰四月日

32　원문은 　.
33　원문은 雲秋에 앞뒤 바꿈 표시 있음.

사바세계 남섬부주 조선국 경기도 낙양성 함원전[34] 안에 사는 대시주 송절이, 대시주 이영익, 대시주 박노정 등이 평생토록 부처님을 뵙는 행운을 만나지 못했더라면, 태평성대의 바른 인연을 계승하는 찰제리의 왕족과 부처님[35]의 공덕을 쌓고, 몸에는 고귀한 귀인의 보리심이 깃들어서 결국에는 극락세계의 연꽃 위에 태어나서, 오욕의 삼상(三常)[36]을 탐하지 않고, 육도의 만 가지 덕행을 널리 닦고, 스님(桑門)의 청정한 계율을 죽어도 굳게 지키고, 창고에 쌓아놓은 보배 재물을 베풀어 중생들을 구제하기 위해 목욕재계하고 지극정성을 다해 치성드립니다.

제가 그 우진왕[37]의 불상 조성을 본받았지만, 다른 이적은 없더라도 조각가(刻手)들이 모든 성인들의 존상을 조각하였습니다. 지옥의 유명회(幽冥會)가 살아난 듯, 더욱이 지옥 명부의 왕들이 엄연히 차례로 앉아 계시나이다.

엎드려 바랍니다.

임금께서 정치를 잘 다스려서 일월성신은 더욱 빛나게 하소서.

왕비는 모든 신께 예로써 아뢰오니, 나라가 화평하게 다스려지게 하소서. 세자는 하늘의 으뜸가는 정기를 받아서 훌륭한 정신과 지혜롭기를 바라나이다.

또 원하옵니다.

---

34 含元殿 : "원기를 간직하다"의 뜻이다. 조선 시대 경북궁 강녕전의 서북쪽에 있던 건물. 세종 때부터 불상을 모셔두고 불교 행사를 열던 곳이다.
35 刹帝利 : 크샤트리아. 인도의 四姓 가운데 둘째 계급. 왕, 왕족을 말함. 여기서는 부처님의 종족을 말한다.
36 탐, 진, 치의 번뇌로 윤회하는 중생.
37 우전왕이라고도 한다. 부처님 당시의 코삼비국의 왕이 최초로 불상을 만들었다.

저의 수명은 하늘의 별처럼 영원히 빛나게 하소서.

복은 별처럼 길이 밝고, 재앙은 봄의 눈처럼 녹아버리게 하소서.

지혜는 태양처럼 모든 어둠을 사라지게 하소서.

덕은 가을 구름과 같이 일어나고,

자비의 바람은 부채와 같아지게 하소서.

엎드려 바라옵니다.

권선으로 인도한 대공덕주 혜능 대사와 화주한 탄묵과 응탄 스님도 이 공덕을 받아서 생을 쫓아 죽음에 이르기까지 영원히 장애가 없고, 세세생생 태어나는 곳마다 법왕의 집에 태어나기를 발원합니다.

용궁의 장경각(海藏)에서 부처님의 바다와 같이 넓은 가르침에서 하나를 들으면 천을 깨닫기를 발원합니다. 보리의 도에서 생각생각 퇴보하지 않기를 발원합니다. 속히 정각을 이루어 널리 모든 중생을 제도해서 부처님의 은혜를 갚기를 발원합니다.

각각의 화주한 인연들도 재앙과 장애가 다 소멸하고, 복은 가득 차고, 지혜는 원만하고, 지계와 선정을 부지런히 닦아서 탐진치의 삼독을 영원히 끊기를 발원합니다.

강희 27년 무진 4월 일.

發願文

娑婆世界　南贍部洲　朝鮮國京畿道洛陽城会□元啟東居大施主宋氏節伊　大施主李氏品

益大施主朴氏老貞等徒生季世不逢王像幸承園世之正目功陰剎利之聖帝身棲豪貴之中心

結道胎之上不貪五欲之三常廣修六度之萬行虔命謹戒桑門以付儲財寶齋沐致誠共我

無異優闐之刻工做諸聖之真寸像幽冥曾宛甫尚存寶府王儼然列在　伏願王上殿下文

經武緯日盛月新王妃殿下百神恭瑞四方致和世子邸下秀分天辯英冠神鐵亦願已身水車時

星永曜福辰長明突同春雪隨慧日而俱消德若雲秋共慈風而虽扇伏願引勸大功德主惠能

大師菲化主壇點應壇末此受功德往生至死永無障碍世之常生法王之家龍宮海藏一開千

悟菩提之大道合今不退速成正覺廣化群生共報佛恩合之願各各緣化木災消障盡福口之慧燭

戒之勤修三毒永斷　康熙二十七年戊辰冒日

施主秋　寺內秋
施主秋　林之雲比丘

大施主宋氏節伊保体　登明思信比丘　卓倫比丘

23. 1688년 완주 대원사 목조지장보살삼존상과 시왕상 조성발원문

造像願文軸
源夫垂化耶位居地上化現人間長開方
便之門恒濟沉淪之苦隨其善惡賞罰影
從有求皆應無願不從是故造像如來獲福
無量捨玠財而成功者何罪而不滅何福而不成也現
世信心恭敬者何厄而不滅何願不遂耶伏願
主上三殿下万歳〻〻壽万歳法輪常轉於無窮國
界恒安而不亂亦願各〻隨喜施主等家內邪業
永滅一門子孫等災患消除万福雲興次願緣
化比丘等現世壽福增長後世當證佛果亦願幹
善大化士等現增福壽當生刹之願願以此功德普
及於一切我等與衆生皆共成佛道
康熙二十七年戊辰七月晦日十王造像成功畢役也

앞쪽) 도명존자와 시왕상 시주 박계룡
뒤쪽) 조상발원문

지장보살은 본래부터 교화를 베풀기 위하여 이곳,
이 땅에 화현해 계시면서 오랫동안 인간에게 교화를 위한 방편의 문을
열었습니다.

항상 고해에 깊이 빠진 중생을 위해 그 선악의 상과 벌을 수순합니다.
그림자처럼 따르면서 구하는 것이 있으면 모두 응답하였습니다.
중생의 발원을 따르지 않은 적이 없었습니다.
이런 이유로 여래의 상을 조성하면
한량없는 복을 얻기 때문에 재물을 희사하는 것입니다.
공덕을 성취한 자가 어찌 죄업이 없어지지 않겠습니까.
어찌 복덕이 이루어지지 않겠습니까.
현세에서 신심으로 공경한 자가 어찌 액난이 없어지지 않겠습니까.
어찌 원하는 것이 이루어지지 않겠습니까.

엎드려 발원합니다.
주상삼전하 만세를 사시고, 수명도 만세를 누리소서.
법륜은 항상 굴러서 다함이 없게 하소서.
나라는 항상 평화롭고 전쟁이 없게 하소서.

또 발원합니다.
각각 기쁘게 따르며 시주하신 모든 집안에 삿된 기운이 영원히 소멸하게 하소서.
한 집안의 자손들은 재난의 근심이 사라져서 만복이 구름처럼 자라게 하소서.

다시 발원합니다.
모연하고 화주한 비구들도 현세에서 수명과 복덕이 증장하고,
다음 세상에서는 불과를 증득하게 하소서.

또다시 발원합니다.

간선 대화주 박계룡 거사는 현세에 복과 수명이 증장하고,
죽은 다음에는 극락세계에 왕생하기를 발원하나이다.

이 불상 조성을 발원한 공덕을
널리 일체 법계에 회향하오니
나와 더불어 일체중생들이
모두 함께 불도를 성취하게 하소서.

강희 27년 무진 7월 30일
시왕 조상의 일을 성공적으로 마쳤습니다.

造像願文軸 首阿彌陀佛立作願疏
源夫諸佛菩薩居地上化現人間長則
便之門恒歷況論之善隨其善惡賞罰影
從有求當處無願不從 是故造像如菱護福
無量捨琉顱而成功者 何罪而不滅何福而不成也現
世信心羔敬者何巨而不滅何願不遂耶伏願
主上三嚴下万歲之壽万歲法輪常轉祐無窮哇
累恒安宗不乱亦願各之隨喜施主等家力祈業
永滅一門子孫等災患消除万福永興次願緣
化比丘等現世壽福增長次世當證佛果示願許
善大化士等興壽當生刹之願願以此功德普
及非一切我等與衆生皆其成佛道
康熙二十七年戊辰七月晦日主炷像願功畢役也
證明大 寀嚴比丘 緣化 秩

24. 1688년 청도 인각사 불상 조성발원문

願文

稽首[38]十方三世界徧知覺無礙聖中聖千百億化身釋迦牟尼佛

稽首靈山微妙說天上人間寂然眞妙覺一生補處慈氏彌勒提花竭羅菩薩

稽首三明六通能修無漏道不入涅槃天上人間應供福田十六大阿羅漢聖衆

一音隨數皆明了胎卵濕化有色無非有非無相群生雜類六道輪廻不暫停我

今歸依 三宝慈悲方便拔濟沉淪苦海衆生承 三宝之慈力志心發願修

無上菩提世世生生勤求不退未得道前身無擴病壽中夭正命[39]盡時不見惡相

身無苦痛心不散亂定慧明了不經中陰[40]不入地獄畜生餓鬼水陸空行千魔

外道幽冥鬼神一切雜形悉皆不受長得人身聰明正直不生惡國不生邊地不受

貧苦奴婢女形醜陋殘缺盲聾瘖瘂凡是可惡畢竟不生隨處生國得生信家每

男身六根完具端正香潔無諸垢穢志意和稚身安心靜三毒永斷不造衆惡恒

思諸善信奉 能仁大命終時安然快樂捨身受身無有怨對一切同爲善友所

生之處生家爲僧不離袈裟食食之器不乖盂鉢道心堅固不生憍慢敬重三

宝常修梵行早成正覺伏願諸檀越願以此功德普及於一切我等與衆生皆共

成佛道所求所願一一成就之願

…

康熙二十七年戊辰五月 日 安于麟角寺 幹善道人 化士 淨宗

---

38 계수 : 稽首禮, 稽首頂禮의 줄임말이다. 인도의 예법이다. 공경의 지극한 표현으로
   성인, 바라문, 왕 등에의 발에 이마를 대거나 입을 맞춘다.

39 팔정도의 하나이다. 올바른 방법으로 생명을 유지함.

40 중음 : 사유의 하나로 중유라고도 한다. 사람이 죽어서 다음 생을 받을 때까지의
   동안. 차생의 생연이 미숙하여 갈 곳을 가지 못한 49일 동안을 말한다. 극선·극
   악한 사람은 중유가 없다. 죽으면 바로 다음 생으로 간다.

발원문

시방 삼세의 모든 일을 걸림없이 깨달아 아시는 성인 중의 성인이시고,
천백억 화신을 나투시는 석가모니 부처님 발에 이마를 대고 예를 올립
니다.

영산회상에서 천상과 인간을 위해 미묘한 법을 설하시고,
진실로 미묘한 법을 깨달아 선정에 든 일생 보처이신 자씨미륵, 제화갈
라 보살님 발에 이마는 대는 예를 올립니다.

무루도를 닦아 삼명육통를 이루시고 열반에 들지 않으면서
천상과 인간에게 마땅히 복전의 공양을 받으시는 십육나한상 발에 이마
를 대며 예를 올립니다.

부처님의 한 말씀을 듣고 따르는 사람은 다 명료하게 깨닫습니다.
태로 태어나는 중생, 알로 생기는 중생, 습한 곳에서 생기는 중생, 변화
로 생기는 중생은 몸이 있습니다.
있지도 않고 없지도 않은 중생은 고정된 형상이 없습니다.
모든 다양한 중생들은 지옥, 아귀, 축생, 아수라, 인간, 천상의 육도 윤
회를 잠시도 쉴 수 없기에 제가 이제 귀의합니다.

삼보의 자비 방편으로 고해의 바다에 깊이 빠진 중생을 건져서 제도하
여 주시옵소서.
삼보의 자비력에 지극한 마음으로 무상의 보리도를 세세생생 닦게 하소서.
부지런히 구하여 도를 얻지 못하더라도 물러나지 않기를 발원하나이다.

우리의 본체는 광대하고 병도 수명의 요절도 없습니다.

천명이 다할 때 나쁜 모습을 보지 않고, 몸은 고통이 없으며,
마음은 산란하지 않게 하소서.

정과 혜가 명료하여 중음을 거치지 않고,
지옥, 축생, 아귀에 들어가지 않게 하소서.

물과 바다와 육지와 허공 중에 떠다니는 요괴나 마귀의 외도,
저승의 귀신 등 일체의 잡다한 형상은 모두 받지 않게 하소서.

영원히 사람의 몸을 받아 총명하고 정직하게 하소서.

나쁜 국토에는 태어나지 않고, 외딴 지역에도 태어나지 말고,
가난하고 괴로움도 받지 않게 하소서.

여자노비, 추하고 더러움과 모자람, 맹인과 귀머거리나 벙어리 등
모두가 싫어하는 것으로는 태어나지 않게 하소서.

인연 따라 국토에 태어나더라도 신심 있는 집안에 태어나게 하소서.

항상 남자의 몸을 받고, 육근이 완전하게 하소서.

몸은 단정하고 깨끗한 향기가 나고, 모든 때와 더러움이 없게 하소서.

의지는 온화하고 맑으며, 몸은 편안하게 하소서.

마음은 고요하여 삼독을 영원히 끊게 하소서.

모든 악을 짓지 않고, 항상 모든 선을 믿고 받들어 실천하기를 사유하
게 하소서.

부처님이 열반에 드실 때 분명히 몸을 받아서 몸을 버렸기 때문입니다.

또 마주해야 할 원한과 원망이 없어서 일체와 함께하기 때문입니다.

진리를 서로 깨우쳐 주는 선우가 사는 집에 태어나게 하소서.

출가하여 승려가 되어 가사를 항상 입게 하소서.

밥 먹는 그릇은 단절되지 않는 발우가 되게 하소서.

도심은 견고하여 교만이 생기지 않게 하소서.
거듭거듭 삼보를 공경하여 항상 청정한 수행을 닦아서
속히 정각을 이루게 하소서.

모든 단월들이 엎드려 발원하옵니다.
이 불상 조성으로 발원한 공덕을 널리 일체 법계에 회향하오니
나와 중생들이 다 함께 부처가 되고,
구하는 것과 원하는 바 소원 하나하나가
모두 성취되기를 발원합니다.

願文

稽首十方三世界徧知覺無礙聖中聖千百億化身釋迦牟尼佛

稽首童山微妙說天上人間寂然真妙覺一生補處慈氏彌勒菩薩羅漢聖眾

稽首三明六道脫修無無徧道不以涅槃天上人間應供福田十六大阿羅漢聖眾

今敬依三寶慈悲方便拯濟沉淪苦海冤生承三寶之慈力志心發露

一意諸類皆明了胎卵濕化有色無非有非無相群生離類六道輪迴不斷塵勞

無上菩提世世生生勤求不退未得道前無身矯病壽中夭正令盡時不見惡相

身無苦痛心不散亂完慧明了不經中陰不以地獄意生餓鬼水陸空行夫魔

外道幽冥鬼神一切離形惡皆不受長得人身聰明正直不墮惡趣不生邊地不受

貧苦奴婢女形醜陋殘缺盲聾瘖痤兀是可惡畢竟不生隨處生信家每

男身六根完具端正香潔無諸垢穢志意和雜身安心靜三毒永斷不起瞋恚亘

25. 1689년 일본 교토 고려미술관
목조아미타여래삼존불감 조성발원문

願文
造像之緣 始自何人之作而出也 經云[41] 佛昇忉利天 爲母說法
故三月不來 優塡王不勝戀慕 剖檀造像 禮拜供養 佛從
天下 其所造像 起出禮佛 佛摩其頂曰 汝後世作大佛事 度衆
生 造佛形相 有自來矣 又經云 末世衆生 出於佛後 造像供養 或泥
或金或木土做成 或彩畫帛布 使人敬禮 則非徒壽福俱崇
皆得解脫 當成佛道 然則今者造佛 亦猶是也 今生同參
結緣 後得解脫 必然無疑矣
願今造像竟 所作諸功德 施一切有情 皆共成佛道
康熙二十八 己巳二月日 化主 玲雲

발원문

불상을 조성하게 된 인연의 시작은 어떤 사람의 제작으로부터 나오게
되었습니다.
경에서 이릅니다.

"부처님께서 도리천에 올라가서 어머니를 위하여 설법하였는데 3개월

---

41 경운: 『관불삼매경』에 우전왕의 전단향으로 불상을 조성한 내용이 나온다. 참고
로 『증일아함경』 제19권에 바사익왕의 금상 조성이 나온다.

이 지나도 돌아오지 않았다. 우전왕이 부처님을 뵙고 싶은 간절한 마음을 이기지 못하여 전단향 나무를 깎아 부처님을 조성하여 예배하고 공양을 하였다. 부처님이 도리천으로부터 내려와서 그 조성한 불상에게 다가가니 목불이 일어나 부처님께 예배하였다. 부처님이 그 목불의 정수리에 손을 얹고 마정수기를 하였다. '너는 후세에 큰 불사를 지으리라. 중생을 제도하고 부처님 형상을 조성하면 내가 스스로 와 있을 것이다.'

또 경에서 말하였습니다.

"말세의 중생들은 부처님이 없는 세상에 출생하였으므로 불상을 조성하여 공양하라. 진흙으로 조성하거나 금이나 나무나 흙으로 만들어 조성하라. 혹은 비단과 삼베에 아름다운 채색의 그림을 그려서 사람들로 하여금 공경하고 예배하게 하라. 신도가 아니더라도 수명과 복과 존경을 다 받고 모두 해탈을 얻고 마침내 불도를 성취할 것이다."

그러므로 지금 부처님을 조성하는 것도 이런 이유 때문입니다.
이생에 동참하여 인연을 맺으면 후세에 해탈을 얻습니다.
반드시 그렇습니다.
의심하지 마시기 바랍니다.

지금 불상 조성을 마치고
지은 모든 공덕을 일체 중생에게 베푸나니
다 함께 불도를 이루기를 발원합니다.

강희 28년 기사 2월 일 화주 영운

造像之像始自何人之作而出也經云佛界忉利天為母說法

故三月不未優填王不勝慕劇檀造像禮拜供養佛從

天下其所造像起出礼佛摩其頂曰汝後世作大佛事度眾

生造佛形相有自来矣又涇云未世眾生扵佛後造像供養或泥

或金或木土傚或■■■帛布使人欽礼則非徒壽补俱崇

皆浮解脱當成佛道然則今者造佛亦猶是也 今生因粂

结缘後浮解脱心然無疑矣

願今造像竟 所作諸功德 施一切有情

皆共成佛道 康熙十八年己巳二月日化主玲運

26. 1690년 곡성 도림사 목조지장보살삼존상과 시왕상 조성발원문

發願文

各各結願隨喜同參助緣大小輩等發願云非但求一生之安逸欲消除地獄之罪愆遂捨眼前之塵財

豫修身後之坦路[42]故今大聖地藏與十王會造成功德先亡父母列名灵駕離苦得樂我等亦以此功德世世生

生常値佛法志念堅固行菩薩道 奉祝 主上三殿下萬歲萬歲聖壽萬歲國泰民安法輪常轉次願勸化助緣與緣化比丘等希慕合意所求如心災消障盡福足慧圓俱登覺岸然後

願法界有情等願以此功德普及於一切我等汝衆生皆共成佛道

…

康熙二十九年歲次庚午五月日地藏與十王造成　動樂山道林寺

발원문

각각 인연을 맺어 원을 세우고, 기쁘게 따르고 동참한 사람과
크고 작은 일을 도운 인연들이 함께 발원합니다.

일생의 편안한 생활을 구할 뿐만 아니라
지옥에 들어가는 나쁜 죄와 허물도 소멸되어 제거되기를 원합니다.

---

42 탄로 : 탄탄대로의 줄임말이다. 곧바로, 행복한 길이란 뜻.

눈앞의 허무한 재물을 마침내 버리고,
이 몸이 죽은 뒤의 탄탄대로를 미리 닦기를 원합니다.

지금 큰 성인이신 지장보살과 시왕님들을 조성한 공덕으로
선망부모와 일체 영가들이 고통을 벗어나 즐거움을 얻기를 원합니다.
우리들은 또한 이러한 공덕으로 세세생생 항상 부처님 법을 만나고,
의지와 마음은 견고하여 보살도를 행하길 원합니다.

받들어 축원합니다.
주상삼전하 만세만세 성수만세하시고,
나라는 태평하고, 국민은 편안하고 불법은 항상하길 원합니다.

또 발원합니다.
화주를 도운 인연들과 직접 화주한 비구와 기쁘게 모금에 합심하여
구하는 것이 마음과 같이 해결되었습니다.
장애는 다 소멸하고, 복과 지혜는 원만하게 구족하여
깨달음의 피안에 어서 오르기를 원합니다.

발원을 마친 후에는 법계의 유정 중생 등도
이 지장과 시왕을 조성한 공덕을 널리 일체 중생에게 회향하오니,
우리와 저 중생들도 다 함께 불도를 성취하기를 원합니다.

강희 29년 경오 5월 일 지장보살과 시왕을 동락산 도림사에서 조성하였
습니다.

各各結願隨喜助緣同參大小輩等發願玄非但求一生之安逸欲免墮地獄之罪愆遠據眠前之

塵財預修身後之坦懸以今大聖地藏身主會造成功德先薦父母列名灵駕生極樂我等亦以此功德世

生生常值佛法志念堅 行菩薩道奉視主上三殿下壽萬歲國泰民安法 軌 願勸化助緣方緣化

比丘等爭募合心祈求如心災消障盡補足慧圓但登覺岸然後願法界有情等願以此功德善及於

一切我等後衆生皆共成佛道

同願施主秋

　　　　　　食罪施主崔尚達 　　本寺秋　　緣化秋

地藏造成施主梁澤淡雨 　村木施主李氏 　　老德玉海比丘 　　秉徃日閒比丘
道明尊者施主惟習比丘 　　柳以亮彡 　　雙輝比丘 　　善惟比丘
無毒鬼主施主曾連赫雲王 　村嚴悉惶比丘 　　信元比丘 　　勝閑比丘
五官大王施主信澤比丘 　　水浮童施主李羅先彡 　　　　　　供养主守日比丘
宋帝大王施主中南伊雲王 　　真彩施主膝连彡 　　玄文朋善比丘 　　李僧庫比丘
初江大王施主高天桂雨王 　　三綱堂緊生彡 　　素任日閒比丘
別江大王施主李世伯比丘 　　黃舟施多金玉比丘 　　助緣德衍守德比丘
崇廣大王施主李世伯比丘 　　祭燕童施主金成振彡 　　哈匹徐元連僅体
關羅大王施主同灵駕 　　三緣施亘釋僧俗彡 　　運兴朱李身伯僅体
秦廣大王施主太同灵駕 　　眼藏施主金昭运彡 　　書記朋五比丘
豪威大王施主中成掌塗王 　　自文淨饌比丘彡 　　畫員秋
恭山大壽施主陳山稈雲王 　　唯俗施主修元逵俚作 　　別座三訓比丘
　　　　　　　　　　　　　　　　空比丘 　　化主貞印比丘

27. 1692년 제주 서귀포 영조사 목조아미타여래삼존불감 조성발원문

康熙三十一年壬申臘月太白山人昭影大禪師願佛發願
文
吾徒不信正法故三界輪廻萬劫不盡至于今生死此生彼
往復無際幸承宿因得生人世善未積於毫末惡已於營
山高難免生死故激發大願彌陀觀音勢地藏諸聖造像之計
命於門人善手輩至誠畢功以視後世不朽之緣承此功德歷代先
亡父母離苦得靜脫之願伏願
主上三殿下壽萬歲 國太民安法輪常轉於無窮

강희 31년 임신 12월 일
태백산인 소영 대선사 원불 발원문

우리 중생들은 정법을 믿지 않습니다.
그래서 삼계를 만겁토록 윤회하면서 지금까지 생사를 끊지 못하고 있습니다. 이 세상에서 저 세상에 태어나고, 저 세상에서 이 세상에 태어나기를 끊임없이 반복하고 있습니다.
다행히 속세의 인연을 이어서 인간 세상에 태어났습니다.
선업은 터럭 끝조차 쌓지 못하고, 악업은 이미 태산처럼 지었습니다.
높은 생사는 면하기 어렵습니다.
그런 이유로 대원을 격발시키기 위하여
아미타, 관세음, 대세지, 지장의 여러 성인의 상을 조성하려고 계획하였습니다.

불상은 문인 선수 스님 등이 지극 정성을 다하여 완성하였습니다.
후세에도 없어지지 않고 인연 따라 보고 받들 것입니다.
이 공덕으로 역대의 선망부모가 고통에서 벗어나
정토의 세계에 태어나 해탈하기를 발원합니다.

엎드려 발원합니다.
주상삼전하 수만세, 국태민안, 법륜은 항상 무궁하기를 발원합니다.

단응, 목조아미타여래삼존불감, 1692년, 제주 영조사

康熙壬年甲申臘月太白山人會影大禪師啟氏幼音

文

吾徒不信正法故三界輪迴萬劫不盡至于今生死性復

坐復無際幸承宿因得生人世善果積於毫末惡已稍營

山高難先生死故激發大願諒他觀青黃地藏諸聖造像之計

令枝門人善手輩至誠軍切以視後世不朽之緣承此功德歷代先

父母雜苦得解脫之願伏願

主上三殿下壽萬年

旺太民安法輪常轉於無窮

聖戊宪天

28. 1694년 화순 쌍봉사 대웅전 목조석가여래삼존상 조성발원문

大明正統崇禎後僞王康熙三十三甲戌年者乃孝宗大王太子敦王之時也此年四月
二十日敬請良工始作佛事閏五月晦日怡然畢功尙哉尙哉
阿彌陀佛一尊左右觀音 勢至兩尊幷三尊奉安于中條山雙峯寺極樂寶殿 釋迦如
來一尊左右伽葉幷三尊奉安于三層
殿 發願文 伏願 願以造成佛事功德如海普及一切諸衆生各各結願隨喜施主與
同參拜佛見聞瞻禮胡跪號合掌[43]者現增福壽當生
淨利 勸化道人別座負米輪轉助緣飯頭熟頭負木種種貢給比丘等現增福壽當生淨
利 三途四生抱識含靈同爲極樂之化生
作觀誦呪扣磬比丘等梓匠比丘等死歸蓮邦比成 佛道願以發願以歸命禮三寶

　대명 정통 숭정후 위왕 강희 33년 갑술은 효종대왕 태자 돈왕의 시절입
니다.
　이해 4월 20일에 솜씨 좋은 기술자들을 공경히 청하여 일을 시작하였다.
불사는 윤 5월 그믐날 즐겁게 공정을 마쳤습니다.

　더구나 아미타불, 좌 관세음보살, 우 대세지보살 삼존을
중조산 쌍봉사 극락보전에 봉안하였습니다.
　석가여래, 좌 가섭존자, 우 아난존자 삼존은 삼층보전에 봉안하였습니다.

---

43 호궤합장 : 長跪合掌과 같은 말이다. 왼쪽 무릎은 바닥에 대고 오른쪽 무릎은 세
　운 상태로 합장한 것을 말한다. 이 합장은 계를 받을 때, 자자를 베풀 때. 포살할
　때, 발원을 할 때 하는 의식이다(『잡아함』「회수경」).

발원문

엎드려 발원합니다.
부처님 조성 불사의 공덕은 바다와 같습니다.
널리 일체중생들에게 두루 닿아서
각각 발원의 인연을 맺은 사람들,
기쁘게 시주를 하고 동참한 사람들,
부처님께 절하고 보고 듣고 우러러 예배한 사람들,
한쪽 무릎을 꿇고 합장하고 부처님 명호를 부른 사람들이
현생에서는 복과 수명이 증장하고
죽은 뒤에는 극락정토에 왕생하소서.

교화를 위해 선행을 가르친 도인,
살림하는 별좌,
쌀농사 짓는 소임,
법회를 도와주는 소임,
밥 짓는 소임,
반찬 만드는 소임,
나무하는 소임,
가지가지 일에 이바지하는 비구 등도
현생에 복과 수명이 증장하고,
죽은 뒤에는 극락정토에 왕생하소서.

번뇌와 업과 고통의 삼도에서
태·란·습·화의 네가지 형태로 존재하는 업식을 포함한 중생들도
함께 극락세계의 연꽃 속에 태어나게 하소서.

점안하고, 다라니를 외우고, 목탁과 경쇠를 두드리는 비구들,
목공 비구들도 죽은 뒤에 극락세계에 귀의하여 연꽃 속에서 성불하소서.

원컨대, 발원을 마치고 삼보님께 귀명정례하나이다.

색난, 목조석가여래삼존상, 1694년, 화순 쌍봉사

大明正統崇禎後偹主催瞞三甲戌年若乃孝宗大王大子敬王之時也此年四月二十日敎諸良工始作佛軀围五月眀日始畢功四月二十

阿彌陀佛一尊右脇壽齊至兩尊幷三尊奉安于中於山發半寺極樂寶殿　　　釋迦如來一與左右伽葉阿難幷三尊奉安于

殿　　蔵嚴文　伏願　　顏以造勒佛功德如海普及一切諸衆生念各結願趣喜純王與司祿釋禄見附馹眈詑詑令幸福理復祿壽當

淨刹　勅化道人別處圓珠翰轉眀緣飯諫藝勤員不運運育給比丘等現增祈壽當住淨刹三途四生地藏令久利福祿壽之地

敬道誦呪　與治比丘等脩匠比丘等敬遵邦比成佛道願以蔵願以敬命礼三寶

禪敎文禪敎

斷緣道人

禪匠文教　　緣化帙　　緣化帙　　　三綱帙

供養大衆主慶修　河名釆　　證眀臨濟宗正傳西山彰清慶堂
　　宗日　　　　　朱成玄
　　智訥金　　　英能　　　大禪師休静四代孫心業子知訥比丘　　住持　僧日
　　惠真　　　　朱壽張
抚彩　　　金應白　　　　孝愛吉　　　　　魯思比丘　　首僧　　　相行
　能武　　道眀　　　　智行　　　　聖元　　　首僧
黄金大施主　　　　　朴尚玄　　　　　誦呪　　　　惠真比丘　　三宝　　靈運
　　宗日　　　　天益　　　　　　　　　　　寶史比丘
石海　惺心　　　　　　　　　　天海
　　特信　佳叔　　　　　　　　知誾比丘　　特寺　進海

　　　特彩　　　　　　　色難比丘
　　惡敬　智訥　　　　　　　慕嵩比丘　　持殿　克倫
金柔　　　　備玉伺　　　　　　雄遠比丘　　記室　惠
春義　　崔寶佃　　和聲　　　　得牛比丘
信玄　　　　崇林　　　　　　　　桃紅比丘　　挑筆　鳳鶴
　　明玉　眀遠　　　　　　　　秋鵬比丘
　　玉今　姜仁山　　　　　　　　秋華比丘
　　　白玉　　　　匠帙

別座守悦

29. 1694년 화순 쌍봉사 목조아미타여래삼존상
조성발원문

大明正統崇禎后僞王康熙三十三甲戌年及我海東
孝宗大王太子敦王之時也始役於此年四月二十日至閏五月而怡然畢
功於六月初五日彌陁尊左右觀音勢至奉安于極樂寶殿釋迦一
尊迦葉阿難兩大尊者奉安于三層寶殿
作現臨濟宗西山清虛堂休靜大師四代遠孫心華子 智行比丘

대명정통 숭정후 위왕 강희 33년 갑술은 우리 해동 효종대왕의 태자 돈왕의 시절입니다.

이해 4월 20일에 공사를 시작하여 윤 5월에 이르러 기쁘게 공사를 마쳤습니다.

6월 5일 아미타불, 관세음보살, 대세지보살을 극락보전에 봉안하고, 석가여래, 가섭존자, 아난존자는 삼층보전에 봉안하였습니다.

지금 글을 지은 사람은
임제종 서산 청허당 휴정대사 4대 원손인
심화자 지행 비구입니다.

大順□流荒楊伍佰□五縣此二十三甲戌年□我源東

者□十□□牧王□□□此縣後□□□甲

此北月水□孫陀尊石石觀□月佛□王□安

□□□□術□□大尊□本安于□□寶殿

□□□□宣□□山□□□休靜大□□孫心羊子□行此丘

持戒光□善□□

30. 1695년 전주 서고사 목조나한상 조성발원문

願文

  歲次康熙三十四年乙亥五月卄三日朝鮮旺全羅道興德內居施主

  文萬英伏爲敬請良工新造成左補處

迦葉尊者既畢功安于西嶺逍遙山白蓮社而伏願特爲己身

  現增福壽息門眷屬唱盛出入則常逢吉慶朝昏則永保安祥

  一切所願皆得成就之願 普及有情俱斷苦輪 爲如上緣念

발원문

때는 강희 34년 을해 5월 23일

조선국 전라도 흥덕에 거주하는 문만영 복위가 시주하였습니다.

훌륭한 기술자를 공경히 청하여 좌보처 가섭존자를 새로 조성하여 마치

고 서쪽의 소요산 백련사에 봉안하였습니다.

엎드려 발원합니다.

특히 이 몸이 살아있을 때 복과 수명이 증장하게 하소서,

살아있는 문중의 권속들은 출입이 창성하게 하소서.

아침저녁으로 항상 좋은 경사를 만나게 하소서.

영원히 편안한 상서로움을 보전하게 하소서,

일체의 소원을 모두 성취하기를 발원합니다.

널리 일체 유정들에게도 공덕이 두루 퍼지게 하소서.

모두 고통스러운 윤회를 끊고 극락의 마음과 같게 하소서.

願文

歲次康熙三十四年乙亥五月廿三日朝鮮旺全羅道與德內居施主

文萬英伏為發誓良士新造成□補處

迎葉尊者今既畢功安□□願□□□□山白蓮社而伏願特為已身

現增福壽息門眷屬曾盛出入則常逢吉慶朝餐□永保安禪

一切所願皆得成就之願　普及有情俱斷苦輪　為如上緣金

施主秋

大施主文萬英　畫主

　　緣化秋

證明道云比丘

持戒能學□□比丘

供養主德行比丘

靈訓比丘

畫貝性沈比丘

未姓月木□智云比丘

31. 1695년 서울 염불사 목조관음보살좌상 조성발원문
(장흥 사자산 봉일암 또는 수도암 조성)

願文
億萬同叅非小事　三錢布施榮千劫　墜露添流言可采
無爲眞境種因緣　一器飯僧登九蓮　纖塵足岳語堪傳
仁家積善有余慶　後得善提豈偶然

時維康熙三十四年歲次乙亥二月初六日朝鮮國全羅道長興東嶺
獅子山鳳日庵修道庵兩庵佛象始役三月十三日畢役同叅記

발원문

수억만 명이 동참하였으니 작은 일이 아닙니다. 30냥의 보시는 영원한 부귀영화입니다. 이슬이 떨어져 흐르는 물에 더한들 표시가 나겠습니까. 일 없는 참된 경계에 들려면 인연을 심어야 합니다. 한 그릇의 음식을 스님에게 보시하면 구품연대에 오릅니다. 아주 작은 티끌 같은 발로 큰 산을 오르는 인내를 말한다고 알겠습니까. 어진 집은 선을 쌓았기에 경사가 있는 것입니다. 나중에 행복한 보리를 얻는 것이 어찌 우연이겠습니까

때는 강희 34년 을해 2월 6일

조선국 전라도 장흥 동쪽 사자산 봉일암·수도암에서 불상 조성을 시작하여 3월 13일 공사를 마치는 날 동참하여 기록합니다.

願文

億萬同參非小事　三錢布施業千劫　隆靈添流言可采

豈為貞境種因緣　一咒飯僧登九蓮　纖塵呈岳語堪傳

仁家積善有余慶　倓得菩提豈偶然

時維康熙三十四年歲次乙亥二月初六日朝鮮國全羅道長興集嶺

獅子山鳳日庵倓道庵兩庵佛像始後三月十二日畢後同參記

施主秋

觀音顧佛大施主　朴二龍　朴龍山

和尚三玄

持殿印克

首僧總憿

材木施主　安可旺

三綱懷善

寺寺惠宗

寺內秋

證明性元

持殿坦玄

太祐

畫負秋

持殿

得牛

主　天浪

Ⅲ. 18세기 전반

1. 1700년 해남 성도암 목조나한상 조성발원문

康熙三十九年庚辰三月二十九日
造成
西瞿陀尼洲第一賓頭盧跋
羅墮尊者像奉安于頭
輪山成道庵
願以此功德普及於一切我等
與衆生皆共成佛道
主上三殿壽萬歲國泰民安法輪轉
第一尊者願佛施主

강희 39년 경진 3월 29일 조성하였습니다.

서구타니주 제1빈두로 발라타 존자상을 조성하여 두륜산 성도암에 봉안하였습니다.

이 나한상 조성 공덕을
널리 일체 법계에 회향하오니
우리와 더불어 일체중생들이
함께 불도를 성취하기를 발원합니다.

주상삼전하 수만세 하시고,
나라는 태평하여 국민은 편안하고,

불법은 항상하게 하소서.

제1 존자 원불시주

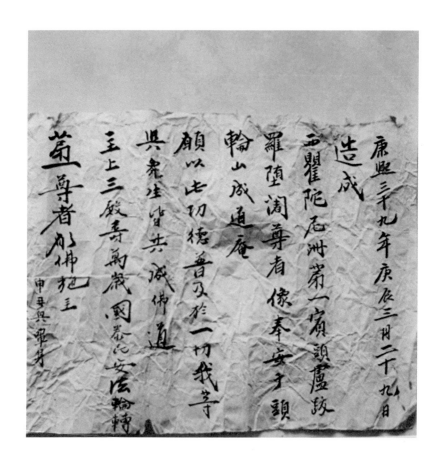

2. 1701년 공주 마곡사 청련암 목조보살좌상 조성발원문

發願文

康熙四十年辛巳五月日敬造大衣觀音一位於忠淸道公州牧地西面華山麻谷寺

蓮臺庵移安于上院菴稽首普光功德之尊聲和響順形直影端事之常也果滿三祇

功圓十地[1]理之然也南無千福眞儀六銖妙服觀世音尋聲救苦應念與安以此功德

伏願

…

大小檀那皆安隨喜助緣俱利與緣化比丘大功德主尙璘道行熙性楚行緇坦擇信玄

奇

供養主妙惠性瞽性聰圓哲惟泂別座哲明持殿性安證師天應及與諸含識堅固求菩

提南

無觀世音悉皆成正覺

발원문

　강희 40년 신사 5월 일

　백의 관세음보살 한 분을 공경히 조성하여

　충청도 공주목 서면 화산 마곡사 연대암에서 이운하여 상원암에 봉안하

였습니다.

---

1 십지 : 보살이 수행하는 단계로 52위가 있다. 십지는 41위에서 50위까지이다. 부처
　님의 지혜를 증장하고, 중생의 교화로 행을 원만하게 성취하고자 하는 과위이다.

멀리 빛나는 공덕의 관세음보살님께 머리를 땅에 대며 예를 올립니다.
부르는 소리에는 온화하게 메아리가 순응하듯 하십니다.
곧은 형상에 단정한 그림자처럼 항상 하십니다.
과보는 삼아승지 동안 원만한 공덕으로 가득 채우셨습니다.
십지의 이치가 그런 것입니다.
천 가지 복과 참된 위의를 갖추시고
여섯 개의 눈에 신묘한 옷을 입으신 관세음보살님은
자신을 부르는 소리를 찾아서 염원에 따라 고통을 구제하여
편안하게 하시는 이와 같은 공덕이 있습니다.

엎드려 발원합니다.
크고 작은 단월들 모두 안락하고, 즐겁게 같이 도와준 인연들도 다 이익을 얻을 것입니다.

화주 인연을 지은 비구 대공덕주-상인, 도행, 희성, 초행, 치탄, 택신, 현기
공양주-묘혜, 성찰, 성총, 원철, 유형
별좌-철명
지전-성안
증사-천응

여러 중생들이 견고한 마음으로 보리를 구합니다.
나무 관세음보살은 진실로 모두 정각을 이루게 하십니다.

發願文

康熙四十年辛巳五月日敬造大衣觀音一位稜忠清道公州牧地西面華山麻谷寺
蓮臺庵移安于上院菴禱奉首普光切德之尊鮮和響順形直影端事之常也果滿三祇
切圓十地理之然也南無千福真儀六銖妙眼觀世音尋辞救苦應念典安以此切德伏願

世子千烁
聖妃齋年
主上萬歲

山中秩　　　畫師秩　　施主秩
禪師印英　　摩日比丘　梁慶冠　　擇閑比丘
禪師法勝　　尚玄比丘　金加比之　學放比丘
住持德元　大心比丘　　　安毛屎　　李氏尚介
首僧擇閑　　　　　　海雲比丘　朴玉男
秉綱清眼　　　　　　車信根　　河尚云
　　　　　　　　比丘救行　金尚位
　　　　　　　　比丘得勳　金慶龍
　　　　　　　　比丘天益　宋業龍
　　　　　　　　黃戒善　　國能比丘
　　　　　　比丘勝室　金億萬
清信女惠信
亦頤

3. 1701년 서울 흥천사 목조관음보살삼존상 조성발원문

全羅道任實縣治北獅子

山寂照庵觀音聖尊腹藏

發願文

時維歲次康熙四十年辛巳

九月日平生發願齋者大功

德斗諶比丘玆持募緣遍

乞千村鳩成金軀者願與各

ゝ施主及緣化一切天下見

聞隨喜之人同聞正法共證

毘盧之法界伏願各ゝ施主

緣化化主等伏爲先亡多

生父母師長列名靈駕共

登九品臺上聽妙法之淸音

長生黃金界內見毘盧

之眞體然後願無邊法

界有識含靈等仍此勝因

俱成正覺

主上殿下壽萬歲 王妃殿下壽齊年 世子

邸下壽千秋

전라도 임실현 북쪽 사자산 적조암 관음성존 복장 발원문

때는 강희 40년 신사 9월   일
평생 발원 제자 대공덕주 두심 비구가 특별히 두루 천여 촌을 걸식하며 재물을 모연하였습니다.

금으로 불상을 조성한 것은 발원자와 각각의 시주와 화주한 일체의 인연 때문입니다. 천하에 보고 듣고 기쁘게 동참한 사람은 함께 정법을 듣고, 같이 비로자나불의 법계에 오르게 하소서.

엎드려 발원합니다.
각각 시주하고, 화주한 인연과 화주한 사람들이 엎드려 절합니다.
선망하신 다생의 부모와 스승과 어르신들의 여러 영가들도 같이 구품연화대 위에 왕생하게 하소서. 극락의 미묘하고 청아한 법문을 듣고, 영원히 황금 세계에 태어나 비로자나불의 진실한 법체를 친견하게 하소서.

그런 후에 무변법계의 지각이 있는 중생들도 이 수승한 인연으로 말미암아 다 정각을 성취하기를 발원합니다.

全羅道任實縣治北獅子

山寂照庵觀音聖尊腹藏

發願文

時維歲次康熙四十年辛巳

九月日平生發願齋者大功

德斗湛比丘蘚持募緣遍

乞千村鳩成金軀者願瞻各

〻施主及緣化一切天下見

聞隨喜之同聞正法共證

思盧之供悉伏願各〻施主

緣化化主等伏爲先亡多

生父母師長列名灵駕共

登品臺上聽妙法之清音

長生黃金界内見思盧

之真體然後願無邊法

界有識含灵等仍此勝因

俱成正覺

主上殿下壽萬歲王妃殿下壽齋年四子

即下壽千秋大禪師慧機比丘明證天

厚比丘持毀性微比丘尊儼大施主金亥

澤伏爲尖金德文灵駕金承文灵駕體

木施主慎德行丙主黃金保體釋坦丝

惠淨比丘幸俻比丘複覺施主毎兒七

4. 1702년 창원 봉림사 목조관음·대세지보살좌상 조성발원문

願文

稽首歸命

新造成圓通敎主千手千眼普濟衆生觀世音菩薩願此所修功德林六根三業

頓淸淨八難稍除梵行成臨終不見異類中獲見觀音眞面目光中忽蒙授記剙頓

證三身眞法累亦願緣化及助緣隨喜同參幷見聞共作觀音眞拂子　　　　時

大明崇禎六十五年太淸康熙四十一年七月旣望書

발원문

부처님 발에 이마를 대는 예배를 드리며 목숨을 다해 귀의합니다.

　새로 조성하는 원통교주는 천수천안으로 널리 중생을 제도하시는 관세음보살님이시여!

발원합니다.

이 공덕림에서 수행하면 육근과 삼업이 문득 청정해지게 하소서.

팔난이 소멸하고 청정한 범행을 이루게 하소서.

임종 시에는 다른 나쁜 종류는 보지 않게 하소서.

관세음보살의 진면목을 보고 얻게 하소서.

광명 속에서 홀연히 수기를 받게 하소서.

문득 삼신을 증득하여 법계의 진신이 되게 하소서.

또 발원합니다.
화주의 인연을 맺은 사람,
기쁘게 동참하여 도와준 인연,
같이 보고 들은 사람들 모두
관세음보살의 진실한 불자가 되게 하소서.

대명 숭정 65년 태청 강희 41년 7월 16일에 씁니다.

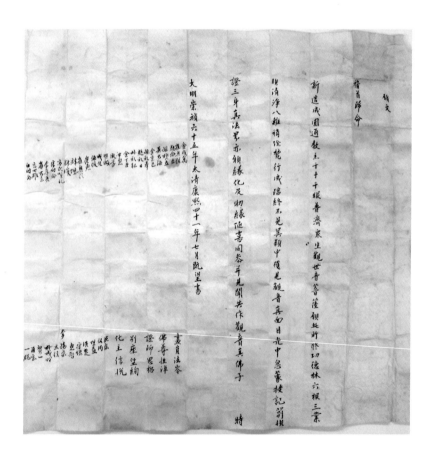

5. 1703년 거제 세진암 목조삼존불좌상 조성발원문

康熙四十二年癸未五月日畢功安于臥龍
山深寂菴 願我臨終滅罪障 徃焂西方大
慈尊 金色光中蒙受記 盡未來除度衆生
主上殿下壽萬歲
王妃殿下壽齊年
世子祇下壽千秋

　강희 42년 계미 5월 일에 공사를 마치고 와룡산 심적암에 봉안하였습
니다.

　발원합니다.
　임종 때에 죄업과 마장이 소멸하여 왕생하게 하소서.
　서방극락의 대자대비 아미타불을 참례하게 하소서.
　금색 광명 속에서 마정수기를 받게 하소서.
　미래세가 다 없어질 때까지 중생을 제도하겠습니다.

　주상전하 수만세
　왕비전하 수재년
　왕자저하 수천추

康熙四十二年蔡未五月日畢切安于卧龍

山深寂寞　顧我臨終藏罪障　往桑西玗大

慈尊　金芭光中蒙受記　盡未来除度衆生

主上殿下壽萬歲

王妃殿下壽齊年

世子祇下壽千秋

阿弥陀佛大施主就悟比丘

6. 1704년 울진 불영사 목조아미타여래삼존좌상 조성발원문

娑婆世南贍部洲[2]朝鮮國江原[3]道蔚珍

地西面天竺山佛影寺新造成

像　康熙四十三秊甲申年三月始役五月

晦日奉安

　사바세계 남섬부주 조선국 강원도 울진 땅 서면 천축산 불영사에 새로
조성하는 불상.

　강희 43년 갑신 3월에 시작하여 그 후 5월 그믐날에 봉안하였다.

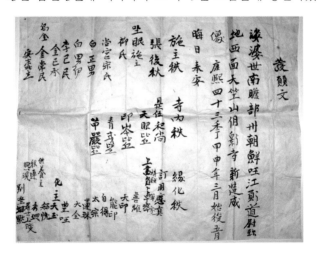

2　원문은 州로 오기.
3　원문은 願으로 오기.

7. 1705년 의령 백련사 목조보살좌상 조성발원문

造像記文
朝鮮國慶尙左道慈仁縣東嶺九龍
山盤龍寺極樂殿彌陁會三尊兼後佛
幀造成畵成則時維康熙四十四年歲次
乙酉閏四月初八日安于也　讚造成畵工詩
奇哉手裏一毫力　若遇丹霞難放過[4]
造出胸中萬佛身　盤龍門外幸無人
伏念至誠發願弟子禪敎兼通大禪师
　　一珏敬造
極樂敎主阿彌陁佛觀世音菩薩大勢至菩
薩三位尊容一會兼後佛尊容一幀帝釋
會一幀焚香頂礼發大誓願願我臨終滅
罪障往㳄西方大慈尊金色光中蒙授記随
喜同㳄施主與緣化等同修善業速證無生
盡未来際度衆生虗容有盡願無盡十方
諸佛作證明

---

4 단하방과 : 단하 천연(739~824) 당나라 때의 선승. 석두 선사의 법을 이었다. 단하
  선사가 행각할 때 객실의 방이 추워서 목불을 태워서 추위를 견디었다는 고사가
  『오등회원』에 나온다.

조상기문

조선국 경상좌도 자인현 동쪽 구룡산 반룡사 극락전
미타회 삼존과 후불탱화를 조성하고 다른 그림도 완성하였습니다.
때는 강희 44년 을유 윤 4월 8일에 봉안하였습니다.

불상 조성, 탱화 조성을 시를 지어 찬탄합니다.

기이하도다.
손 안의 한 줄기 힘이여!
만약 단하 선사를 만났다면 그대로 지나치기 어려웠으리라.
조성을 위한 출초는 마음 속의 일만 부처의 몸이라
반룡사 문밖에 사람이 없어서 다행이로다.

엎드려 생각하니,
지극 정성으로 발원한 제자는 선과 교를 두루 통한 대선사이시다.
일규가 존경하는 마음으로 시를 짓도다.

극락교주 아미타불, 관세음보살, 대세지보살 삼존의 용안을 한 번에 모
셨습니다. 후불의 존안을 한 폭에 모시고, 제석 탱화도 모셨습니다.
향을 사르고 정례를 올린 후에 크나큰 서원을 발원하였습니다.

발원합니다.
저희들이 임종할 때에 죄업과 마장이 소멸하게 하소서.
왕생하며 서방극락의 대 자존을 친견하게 하소서.
금색 광명 속에서 마정수기를 받게 하소서.

기쁘게 시주에 동참한 사람들, 화주의 인연을 맺은 사람들
함께 선업을 닦아서 속히 무생법인을 증득하여
미래세가 다하도록 중생들을 제도하겠나이다.

몸은 비록 헛되고 다함이 있더라도
저의 발원은 시방세계가 다하더라도 끝이 없습니다.
모든 부처님께서 이것을 증명해 주소서.

朝鮮國慶尚左道慈仁縣東嶺九龍
山盤龍寺極樂殿彌陀會三尊曁後佛
幀造成畫成則時維康熙四十四年歲次
乙酉閏四月初八日安于也　讚造成畫工詩
造出胃中萬億身　盤龍門外革無人
竒哉手裏一毫刀　若遇丹霞難躱避
伏念至誠茇願弟子禪教兼通大禪師
一珪敬造
極樂教主阿彌陀佛觀世音菩薩大勢至菩
薩三位尊容一會曁後佛尊容一幀帝釋
會一幀焚香祀茇大誓願願我臨終藏
罷障泩盡亞方大慈尊金色光中蒙接記隨
喜同秦旄至興緣化等同修善業速證無生
盡未來除度眾生盡容有盡願不盡十方
諸佛作證明

8. 1705년 하동 쌍계사 금강역사와 사천왕 조성발원문

　新造雙溪寺拾得童子尊像腹藏願文
余水月襟期斷雲蹤迹遍走天涯而地角矣適到此山心修白業[5]追思自利而利他緣募象檀造此
尊像以安寺之正中惟願以此因緣上善中善而下善轉法輪於無窮天和地和而人和綿國祚而不盡
抑亦諸施主等仗此良緣增玆壽福波及含靈等皆離苦因書檀信五花于后以藏腹中爾
　時康熙四十四年乙酉之季夏下浣幹善道人鏡珍
…

새로 조성한 쌍계사 습득동자존상 복장 발원문

제가 자연에 대한 가슴 깊은 회포는 끊어졌습니다.
구름 같은 발길은 멀리 떨어진 타향으로 두루 다녔습니다.
마침내 이 산에 와서 마음의 선업을 닦았습니다.
의지에 따라 나도 이롭고 남도 이롭게 하는 존상을 조성하기로 마음먹었습니다.
단월들에게 모연하여 이 습득동자상의 조성을 마치고
이 절의 한 가운데에 봉안하였습니다.

---

5 백업 : 삼성업의 하나이다. 선업, 착한 짓. 삼성업은 선업·악업·무기업이다.

오직 발원합니다.
이 인연으로 최고의 선업을 지은 사람들
중간 선업을 지은 사람들
아래의 선업을 지은 사람들
모두에게 법륜을 무궁하게 베풀어 주소서.
하늘도 조화롭고 땅도 조화롭고 사람도 조화롭게 하소서.
국운은 다함이 없이 이어지게 하소서.

또 우러러 발원합니다.
여러 시주자 등이 이렇게 좋은 인연으로 수명과 복이 파도처럼 넘치게
해 주소서.
일체중생과 영가들도 모두 고통에서 벗어나게 하소서.

신심 있는 단원들의 인연을 글로 써서 꽃피는 여름 끝물 즈음 복장에
넣었습니다.

강희 44년 을유 6월 하순에 간선도인 경진 지었습니다.

...

新選雙溪寺拾得童子尊像腹藏碩文

余水月襍期斷雲蹤迹通走天涯而地角矣通到此山心修自業追恩自利而利他緣募眾慳造此

尊像以安寺之正中惟願以此因緣上善中善而下善轉法輪於無窮天和地和而人和綿國祚而不永

抑亦諸施主等伏此良緣增茲壽福波及含靈等皆離苦因書檀信五花于祇以茲腹中有

歲康熙四十四年乙酉之季夏下院靳善道人鏡玲

拾得童子造像大施主
嘉善大夫妙滿眼為主

付養施主
曹雍祖為主
尤暹 竪
蘇祠 竪
蘇來 竪
性招 竪

菩提之主
阿垣

盡員
都守平通政大夫
色難 竪
頑亨 竪
辜裡 竪　　道一 竪

通政難選
雨瓄 竪

混平 竪
見天 竪
聞性 竪

供養主
瓶歇 竪
俊明 竪
血捍

大功德主鏡玲 竪
彩色引勸化主
登瑜大師惟祐 竪
天王行化主法憲 竪
金剛曹研潭重鑒化主
慶玉 竪

9. 1706년 곡성 서산사 목조관음보살좌상 조성발원문

娑裟世界海東朝鮮國南之始山之脉白頭之所派
流也至於全羅左道玉果縣南嶺聖德山也四山之中天
下奇山哉其山之腰有觀音寺也其山之頭有大隱菴
旣已建成也無佛像之故淸禪道衲海天比丘者欲爲
佛像故發大願心於是始役於二月念五日也旣畢於四月
初五日觀音獨尊造成移運之時緇白雲集兼鳥悲泣
其像可歎奇哉

　사바세계 해동 조선국 남쪽에서 시작된 산맥은 백두산에서 파생된 지류
입니다.
　전라좌도 옥과현 남쪽 성덕산으로 이어졌습니다.
　사면으로 산들이 감싼 가운데 천하에 기이한 산입니다.
　그 산의 중심인 허리에 관음사가 있습니다.
　그 산의 꼭대기에는 대운암이 먼저 창건되었지만, 불상이 없는 까닭에
청정하게 선을 닦는 해천 비구가 그 불상을 조성하고자 대 원력의 마음을
발원하였습니다.

　2월 25일에 부역을 시작하였고, 4월 5일에 일을 마쳤습니다.

　관세음보살 한 분을 조성하여 이운할 때 스님들이 구름같이 모여들었습
니다.
　그 불상에서 자비의 눈물이 흘렀습니다.

아! 가히 기이하지 않습니까.

강희 45년 병술 4월 8일 부처님 복장을 넣었습니다.

浮浮世界海東朝鮮國南之始山之脉白頭之斫派
流也至於金羅左道至果縣南嶺聖德山也四山之中天
下奇山哉其山之腰有觀音寺二其山之頭有大慈養
既已建成二無 佛像之故請禅道神海天比立者欲考
佛像欲簧大願心於是始從於二月念五二二既畢於四月
初五日觀音獨尊婆戒移運之時備白雲集象鳥悲泣
其像可歎奇二哉
佛像大施主秋三奉自王
黃金大施主嘉善大金迪金自主
面金大施主性兄比丘　供養大施主姜億主堂
烏金大施主叔能比丘
烏金大施主金禹業自主

10. 1706년 안성 칠장사 목조지장보살삼존상과 시왕상 조성발원문

1)

康熙肆拾伍丙戌年七賢山七長寺十王造成記
二月初二日山役　始初其月卄一日畢役爲造
其月卄五日內役始五月卄七日點眼安于畢

　강희 45년 병술 칠현산 칠장사 시왕 조성 기문
　2월 2일 부역을 시작하고 2월 21일 조성을 마쳤습니다.
　2월 25일 안쪽의 공사를 시작하여 5월 27일 점안하고 봉안하였습니다.

2)

康熙四十五年丙戌年五月卄八日
京畿左道竹山都護府地南嶺七賢山
七長寺新造成十王願文
…
與各隨喜大施主等災消障盡福足慧圓
各ゝ緣化助緣比丘等先亡父母列名靈駕往生西方樂安刹
願以此功德　普及於一切　我等與衆生　當生極樂國
皆共成佛道　　　　　　　同見無量壽
觀世音菩薩寶篋手眞言

발원문

강희 45년 병술 5월 28일
경기좌도 죽산 도호부 남쪽 칠현산 칠장사 새로 조성한 시왕 발원문

…

각각 기쁘게 보시한 대시주들이 재앙과 마장이 다 소멸하고,
복덕과 지혜가 원만해지길 발원합니다.

각각 화주한 인연과 도와준 비구들의 선망부모 등의 영가들이
서방극락의 편안한 세계에 왕생하기를 발원합니다.

지장보살과 시왕을 조성한 공덕을 널리 일체 법계에 회향하오니
저희와 일체중생들이 죽은 뒤에는 극락의 안락국에 왕생하여
다 함께 무량수 부처님을 친견하고 모두 성불하기를 발원합니다.

관세음보살 보협수진언

廣縣拾伍丙戌年　七賢山女長吉十二主造成記

二月初二日山後

其月廿五日內役始　廿七日點眼安于寶

始初其月廿二日畢後等造

緣化秩

畫員　嘉善金文

持殿　軆閒

證明　性玄

　　嘉善清元

　　通政妙聖

　　德莊

通政大夫姜有信　通政大夫姜□□

興等各隨喜大施主求與消災降喜補恩慈圓

各□緣化助緣並未先亡父母列名受駕往生西方乐安利

願以此功德　普及於一切　我求真棗眾生當主施東旺

皆共成佛道

同見無量壽

觀世音菩萨寶篋手真言

11. 1709년 고흥 송광암 목조보살좌상 조성발원문

造像發願文

裟婆世界勝金州海東朝鮮國全羅道興陽縣東南

千燈山金塔寺弟資克敏伏以得人身甚難遇佛法

轉不易如盲龜遇木而性暗根鈍禪未參經未看

佛未念而無一善可憑則每自念之心腸欲裂故依

十科之中爲己爲人之一條勞筋苦骨如鵲含枝而

爲巢蜂探花而成蜜募衆緣召良工雕造 無

量壽如來尊像一主及觀世音菩薩大勢至菩

薩尊像二補點眼供養訖伏願以此功德施者

化者助緣者及現世父母諸親眷屬等於未來

世根性明利福慧弘深如觀音勢至二大士然

後澄大二果[6]如無量壽如來窮未來際現諸

淨土化無量壽衆生登彼無上岸者

康熙四十八年己丑四月日記

사바세계 승금주 해동 조선국 전라도 흥양현 동남쪽 천등산
금탑사 제자 극민이 엎드려 발원합니다.

사람의 몸을 얻어 심히 만나기 어려운 불법을 만났으나 전하기도 쉽지
않습니다.

---

6 이과 : 사과의 둘째로 사다함과이며 일래과이다. 욕계의 수혹 중 육품을 끊은 성
  자. 남은 삼품의 미혹 때문에 반드시 천상과 인간 사이를 한번 왕래한 후에 열반
  에 든다고 한다.

눈먼 거북이가 바다에 떠다니는 고목을 만나기 어려운 것처럼 성품은 어둡고 근기는 아둔합니다. 참선에 참석하지도 못했습니다. 경을 읽을 줄도 모릅니다. 부처님을 염할 줄도 모릅니다.

하나의 선업도 없어서 가히 의지할 것이 없습니다.

매일 스스로 생각하면 심장이 찢어져 터질 듯합니다.

이런 이유로 십과를 의지한 가운데 나를 위하고 다른 사람을 위한 한 가지를 실행하기로 했습니다.

젓가락처럼 뼈가 앙상하도록 일하여 마치 까치의 몸과 다리 같았습니다.

꿀벌들이 집에 화분을 옮기듯, 인연 있는 대중들에게 꿀을 모금하듯이 하였습니다.

훌륭한 장인을 초대해서 무량수여래 1존, 관세음보살, 대세지보살의 좌우보처를 만들어 공양을 올리고 점안해 마쳤습니다.

엎드려 발원합니다.

이 불상 조성을 위해 공덕을 베풀어 시주하신 분 화주 하신 분, 같이 도운 인연 분들이 현세의 부모와 여러 친척 권속들이 미래 세상에는 근기와 성품이 밝고 예리하게 되소서.

복과 지혜가 넓고 깊기는 관세음과 대세지보살과 같기를 발원합니다.

그런 후에 크고 맑은 사다함과를 얻어 무량수여래와 같아서

미래세가 다하도록 모든 정토를 나타내어 무량수 중생들을 교화시켜 무상의 피안에 오르기를 발원합니다.

강희 48년 기축 4월 일 기록합니다.

娑婆世界緣全世尊降東朝鮮國全羅道興陽縣東南

亭巒山金塔寺笻資克敏伏以得人身甚難遇佛法

轉不易如旨龜遇木而性悟根鈍禪未名經未睹

佛未會而無一善可鴉則每日念之心腸欲裂故依

十科之中為己為人之一條勞筋苦骨如鵝含枝二

為巢釋迦花之成棄夢眾像君良工雕造無

量壽如來尊像一三及觀世音菩薩大勢至菩

薩尊像二補點慨供養託伏郎以此功德迴志

又為功愿見十未見三孝能未

12. 1710년 평창 북대 고운암 목조석가여래좌상 조성발원문

願文

夫此庵者弘治八年壬寅之春懶翁大和尚親躬初創其年
等像釋迦獨尊造成歲代不敝具存乙丙兩年凶荒年驗歲
空虛之時所造 佛相不知去處大白金剛往來慈悲道人
釋謙者來到此菴雖 在蘭若佛無所見之嘆慨然發
心神袖疏勸軸之文檀越施主 之家曍取斗升之布庚寅
四月初旬始役畢役於五月念四月點眼
釋迦如來左補處慈氏彌勒菩薩右補處提花葛羅
菩薩三尊造成功德不可勝言良工勸緣化主緣化隨
喜助緣比丘同參施主等願以此功德普及於一切我等與汝衆
生當生極樂國同見無量壽皆共成佛道
康熙四十九歲次庚寅初夏江陵府西嶺地五臺山北臺孤雲菴記

이 암자는 홍치 8년 임인 봄에 나옹 대화상이 몸소 창건하였습니다.
석가모니불 한 분의 존상을 조성하여 모셨습니다.
세월이 지나도 훼손되지 않고 완전하게 갖추어져 있었습니다.

을사년과 병오년 두 해에 흉년이 들자 그 공허한 세상을 직접 경험하였
습니다.
그때 불상이 어디로 갔는지 거처를 알지 못하게 되었습니다.

태백산과 금강산을 왕래하는 자비도인 석겸이란 자가 이 암자에 오게 되었습니다.

비록 수행처는 있었지만, 부처님을 보지 못하는 것을 한탄하였습니다.

개연히 마음을 일으켜 열 권의 불사의 내용을 적은

권선문을 귀신같이 소매 속에 넣었습니다.

단월의 집을 다니며 시주를 받고, 근소한 삼베를 얻었습니다.

경인년 4월 초순에 일을 시작하여 5월 24일에 점안을 마쳤습니다.

석가여래, 좌보처 자씨미륵보살, 우보처 제화갈라보살의 삼존상을 조성하였습니다.

불상을 조성한 공덕은 어떤 말로도 다 할 수 없습니다.

훌륭한 장인, 권선한 인연, 화주자, 화주한 인연, 기쁘게 도와준 인연,

비구들의 동참 시주한 이들이 있었습니다.

이 불상을 조성한 공덕을 널리 일체 법계에 회향하오니

저희와 일체중생들이 다음 생에는 극락정토에 왕생하여

함께 무량수여래를 친견하고 다 같이 불도를 성취하기를 발원합니다.

강희 49년 경인 초여름 강릉부 서쪽 오대산 북대 고운암에서 적습니다.

願文

夫此庵者馳治八年壬寅之春懶翁大和尚親躬初創其年
等緣釋迦獨尊可造哉歳然不敢其存乙丙之年☐荒驗歳
空虚之時所造佛相不知去處大白金剛雜來慈悲道人
叙護者未到此庵雖在此蘭若佛無所見之嘆慨然一歎
心袖跪催軸之文檀越施主之家壬衰年半年之市庚寅
四月初旬始後畢後お五百会四々點眼
釋迦如來左補處慈氏彌勒菩菩薩右補處擴花鴉羅
菩薩三尊造哉功德不可勝言良工勸緣化主緣化俗
喜助緣此之义願以此功德普及於一切我六世衆
主当主☐同見無量壽皆共成佛道

13. 1711년 평창 상원사 영산전 목조보살좌상 조성발원문

　　願文
上古成佛 未能俱存 主佛釋迦 依舊安坐 左右補處
提花揭羅佛慈氏彌勒位故無發願造成以偈于后
願以造成功　普及於一切　我等與施主　皆共成佛道
　　伏願
主上三殿壽萬歲　天下太平法輪轉
…

維康熙五十年歲次辛卯四月旬二日天柱山雲嘊寺灵山殿左右補尊新造安于於此

　　발원문

아주 오래전부터 성불했지만, 본래부터 갖추어진 것을 능히 알지 못할 뿐입니다.
　주불인 석가모니는 아주 옛날 성불했을 때부터 편안히 앉아 있습니다.
　좌우보처 제화갈라불과 자씨미륵불은 발원자 없이 조성되었습니다.
　뒤에 게송을 붙입니다.

　이 불상 조성 공덕을 널리 일체 법계에 회향오하니
　우리와 일체 시주자들이 다 함께 성불하기를 발원합니다.

엎드려 발원합니다.

주상삼전하 수만세 천하태평 법륜전

강희 50년 신유 4월 2일

　천주산 운복사 영산전 좌우보처 존상을 새로 조성하여 이곳에 봉안하였습니다.

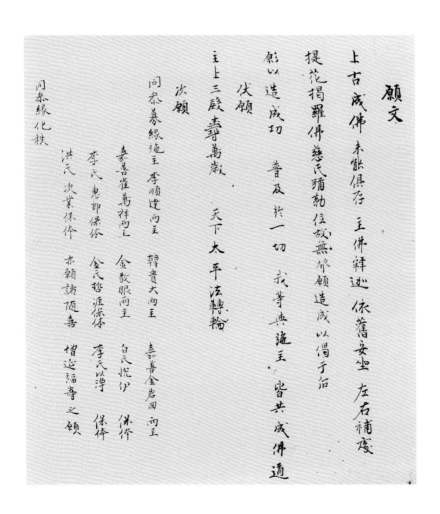

14. 1716년 양구 심곡사 목조아미타여래삼존좌상 조성발원문

有明海東朝鮮國關東江原道楊口縣上東金剛山南麓兜率山深谷寺敬造右補處
大勢至菩薩尊像安于本寺發願文
摩訶檀信幹化宰匠等謹捨塵財敬造
極樂導師阿彌陀佛尊像左右補處觀世音大勢至菩薩又造觀音二尊像合造五尊像
彌陀觀音勢至三尊深谷寺法堂安邀　一觀世音尊像深谷所屬隱寂庵安邀
一觀世音尊像深谷寓菴彌羅庵安邀　　以此功德伏願今世福基命位各願昌隆子孫
榮光家業
安靜後生福足慧足頓悟一乘身昇九蓮諸佛同樂亦願先亡父母解脫苦倫而登□□
大
地萬類含生盡出火宅而生淨域然後願無邊法界有識含靈俱成正覺志心歸命
大勢至菩薩摩訶薩哀愍攝受
大淸康熙五十五年丙申夏月 日 記

　해동 조선국 관동 강원도 양구현 위의 동쪽 금강산 남쪽 기슭
도솔산 심곡사에서 경건히 우보처 대세지보살 존상을 조성하여
심곡사에 봉안한 발원문

　대신심의 단월, 화주를 주관한 이, 훌륭한 장인 등이 삼가 세상에서 희
사한 재물로 극락도사 아미타불, 좌우보처 관세음보살과 대세지보살을 경
건하게 조성하였습니다.
　또 관세음보살 두 존상을 조성, 합하여 오존상을 조성하였습니다.

아미타, 관세음, 대세지 삼존은 심곡사 법당에 봉안하였습니다.

한 분의 관세음보살은 심곡사 소속 은적암에서 맞이하여 봉안하였습니다.
한 분의 관세음보살은 심곡사에 의탁하고 있는 미라암에서 맞이하여 봉안하였습니다.

이와 같은 공덕으로 엎드려 발원합니다.
금생에 복과 수명이 풍족하기를 발원합니다.
각각 자손이 융창하기를 발원합니다.
가업에 영광이 있기를 발원합니다.
다음 생에도 안정되고 편안하기를 발원합니다.
복덕과 지혜를 구족하여 일승을 깨닫기를 발원합니다.
몸이 구품연대에 오르기를 발원합니다.
모든 부처님의 즐거움을 함께 즐기기를 발원합니다.

또 발원합니다.
먼저 돌아가신 부모님이 윤회의 고통에서 해탈하여 극락에 오르소서.
대지의 만 가지 종류의 중생들이 다 불난 집(화택[7])에서 벗어나 정토에 나게 하소서.

그런 후에 발원합니다.
무변 법계에 의식이 있는 중생들도 다 바른 깨달음을 성취하게 하소서.
지극한 마음으로 대세지보살 마하살께 생명 다해 귀의합니다.
가엾고 불쌍히 여기시어 자비심으로 보호해 주소서.

---

7 화택은 중생의 욕망을 비유하는 말로, 『법화경』「비유품」, 「방편품」에 나온다.

대청 강희 55년 병신 6월 일 기록합니다.

양구 현감 서명세의 몸이 편안하고 장수하고, 자손에게는 영광이
있기를 발원합니다.

관세음보살 단독시주 가선 거사 묘단 양주 왕생극락을 발원합니다.

월섬의 재앙과 액운이 문득 소멸하고 함께 극락왕생하기를 발원합니다.

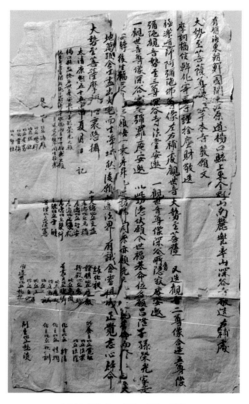

문화재청 누리집 사진 제공

15. 1719년 안성 칠장사 목조관음보살삼존상 조성발원문

願文
康熙五十七年戊戌秋化主允暎處輝等發大
誓願欲塑　寶相廣募衆緣各邑檀信同心戮
力以成勝利己亥四月二十四日安于七長寺不爲
一身獨脫三界亦不求人天福報只欲一切衆
生皆發菩提心同生極樂國兼願見聞隨喜
都人等現增福壽當生淨利者檀越姓
氏開列于左

발원문

　강희 57년 무술 가을에 화주 윤영, 처휘 등이 보상여래를 소조로 조성
하고자 대서원을 일으켰습니다. 인연있는 대중들에게 널리 모연하고, 각
읍의 신심 있는 단원들이 한마음으로 서로 힘을 모아 기해 4월 24일에 겨
우 완성하여 칠장사에 봉안하였습니다.

　이것은 개인을 위한 것도 아니고 홀로 삼계를 해탈하기 위함이 아닙니다.
또 인천의 복과 과보를 구하기 위함도 아닙니다.
다만 일체중생이 다 보리심을 일으켜서 같이 극락세계에 왕생하기 위한
발원입니다.

　또 발원합니다.

보고 듣고 기쁘게 동참한 모든 사람들이

현생에서는 복과 수명이 증장하기를 발원하고,

죽은 뒤의 정토에 왕생하는 단원들의 성씨는 왼쪽을 펼치면 나열되어
있습니다.

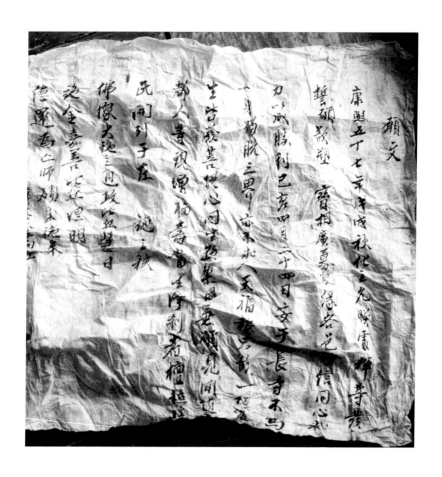

16. 1719년 목포 달성사 목조지장보살삼존상과 시왕상 중수발원문

十王像重修願文
康熙五十八年己亥八月
日記入
海東朝鮮國全羅左道
南平縣南嶺德龍山雲興
寺舊基成安地藏及兩大
補處等重修改金而與
此王重修改服臟新彩
移安于新基事始於
孟秋畢于仲秋之哉生
魄爾仍玆奉祝
主上三殿下壽各萬千齊歲

시왕상 중수 발원문

강희 58년 기해 8월 일 적어서 넣습니다.

해동 조선국 전라좌도 남평현 남쪽 덕용산 운흥사 옛터에 조성하여 봉안되어 있던 지장보살과 두 보처 등을 개금하고 중수하였습니다.

그리고 이 시왕도 복장을 열고 중수하고 새로 채색을 하였습니다.

새로 터를 잡아 7월에 공사를 시작하여 8월에 일을 마치고 이운하여 봉안하였습니다.

16일 날 봉축 낙성식을 하였습니다.

주상삼전하 수명이 각각 만 천년과 같으소서.

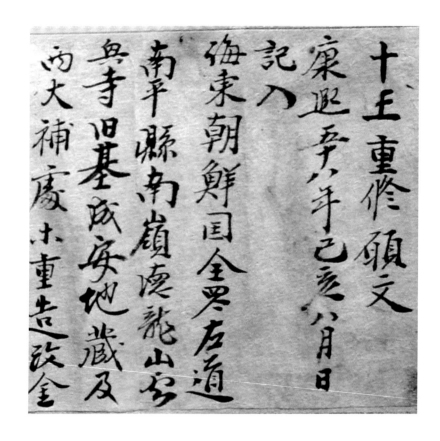

17. 1710년대 제주 용문사 목조여래좌상 조성발원문

靈山敎主釋迦牟尼佛前謹獻發願文

稽首歸依釋迦佛	自從多刧至于今
及諸十方諸如來	隨身口意十不善
哀憫攝受長齊運	使效鷲子[8]營寶殿
願垂悲智滅作罪	竊慕闍王成睟儀
承斯妙利功德製	先亡祖考生淨邦
賴此良緣命福亨	現存眷屬俱安樂
無明煩惱所迷惑	六根淸淨得神通
願不心與相續起	四智圓明獲菩提
邪魔惡神並災厄	身心平妾動靜間
如許罪垢悉皆消	居住安康坐臥中
一切有願畢圓滿	報年[9]臨欲命終時
多般所欲盡成就	願造之佛來接引
直往西方見彌陀	使得文殊多種智
獲夢摩頂授記莂	常行普賢大萬行
天衣拂石雖磨盡	惟願諸佛作訂明
我願深深不可窮	緣垂洞鑑三寶禮

---

8 취자 : 사리불
9 보년 : 전생에 지은 업에 따라 타고난 수명.

영산교주 석가모니불 전에 삼가 바치는 발원문

머리를 조아리는 예를 올리며 석가모니불께 귀의합니다.

다 겁 생에서부터 지금에 이르기까지
시방세계의 일체 여래들께서는
신·구·의를 따라 열가지 불선업을 닦으시고
중생을 가엾게 여겨 보호하며 영원히 운명을 같이하고
사리불을 본받게 해서 보배궁전을 경영하십니다.

원컨대, 자비와 지혜로 지은 죄업을 소멸시켜 주시고
간절히 우전왕이 훌륭한 위의를 성취한 것을 따릅니다.

이 묘한 이익을 계승하는 것은 공덕을 짓는 것이고
먼저 돌아가신 할아버지를 정토에 왕생하게 합니다.

이 훌륭한 인연은 수명과 복을 누리는 힘이고
현존하는 권속들을 모두 안락하게 합니다.

무명 번뇌와 미혹한 것도
육근을 청정하게 해서 신통을 얻게 합니다.

원하는 대로 마음과 번뇌가 상속하여 일어나지 않고
부처님의 네 가지 지혜가 원만하게 밝아서 보리를 얻습니다.

삿된 마구니와 악한 신과 재앙과 액운은

몸과 마음이 행동할 때와 행동하지 않는 사이에도 평온합니다.

죄와 허물이 참으로 소멸하는 것과 같아서
머물거나 앉고 눕는 가운데 평안하고 건강하게 합니다.

일체의 소원이 있으면 원만하게 이루어지고
전생에 지은 수명도 목숨이 마칠 때까지 지킵니다.

여러 가지를 이루고자 하면 다 성취하고
원력으로 부처를 만나고자 하면 대중과 함께 오십니다.

곧바로 서방극락에 왕생하여 아마타를 친견하고
문수보살의 여러 가지 지혜를 얻게 됩니다.

꿈속에서 부처님의 마정수기를 받고
항상 보현보살의 거룩한 만 가지 행을 실천합니다.

하늘의 천의로 돌에 스치면 다 없어지는 것을
삼가 생각하니, 모든 부처님께서 증명하셨습니다.

우리의 발원은 깊고 깊어서 끝이 없지만
인연을 드리우심을 통감하며 삼보님께 절을 올립니다.

大教主釋迦牟尼佛前□南無有□

稽首故依釋迦佛　自從多刦至于今

及諸十方諸如來　隨身口言十亥不善

衆惱攝受長百連　使效篤子營寶殿

碩龍必雖滅作願　寂慕閻王成脞仅

承斯妙利巧徒裟　先亡祖考生淨邦

賴以良緣俗福亨　現存眷屬俱安樂

無明煩惱所述惑　六根清淨心神通

頋不心與相續起　四智圓明覆菩提

那魔曹神並尖尼　身心平安動靜間

身心平安動靜間　是住安康唯卧安

如許罪垢悉皆消

18. 1722년 서울 반야암 목조보살좌상 조성발원문

願文
康熙六十一年壬寅二月日天后山文殊寺甘露
庵上壇造成觀音菩薩一座安於宝座
…
願文作偈曰
我今造像觀音菩薩智慧莊嚴功德聚檀越
善人今離垢願證蓮臺淨法身彌陀畵像八
菩薩若有見聞遍十方願此同緣亦如是點
眼無時作佛事亦願三途苦輪息悉令除
熱惱淸凉皆發無上菩提心永離愛河
登彼岸

발원문

강희 61년 임인 2월 일 천후산 문수사 감로암 상단의
관세음보살을 조성하여 보배좌에 봉안하였습니다.

발원문을 게송으로 지어 말합니다.

내가 지금 관세음보살의 상을 조성하오니
지혜로 공덕을 모아 장엄하고
단월 선인들은 지금 번뇌의 때를 여위고

원하는 연화대의 청정 법신을 증득하소서.

미타회 탱화의 팔 보살들이
보고 듣는 것이 시방에 두루할 것입니다.

원컨대, 이와 같은 인연은 또한 이러합니다.
점안 시간이 없어도 불사를 짓는 것입니다.

또 삼도의 고통스러운 윤회를 없애기를 발원합니다.
참으로 뜨거운 번뇌를 제거하고 청량해져서
모두 위 없는 보리심을 일으켜서
영원히 애욕의 강을 떠나 피안에 오르게 하소서.

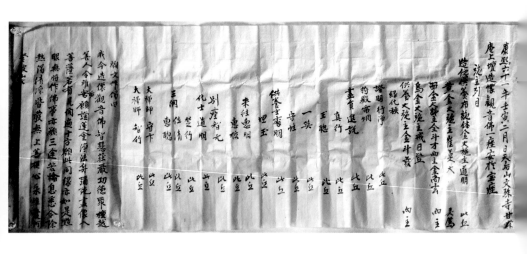

19. 1726년 서산 삼길사(舊 해월사) 목조관음보살좌상 조성발원문

願文
聞夫法身無相乃卽相而求眞中是四方祈禱尊圓有
寺無佛慷慨而宋處士本海美西面沙器所地人俗名宋敏
碩居士法名法能處士袖持勸善普告檀門永歲不朽之因
極樂敎主阿彌陀佛一尊圓通敎主觀音菩薩二尊時
雍正四年丙午六月始役畢功於三月日普度衆生同成
淨覺者願以此功德普及於一切我等與衆生皆共成佛道

발원문

대체로 법신은 상이 없음을 상으로 삼는다고 들었습니다.
사람이 진실로 구하는 것은 이것입니다.
모든 곳의 기도처에는 원만한 상호의 불상이 있습니다.

절은 있는데 불상이 없는 것을 분개한 송 거사는 본래 해미 서면 사기
막골 사람입니다. 속명은 송민석 거사로, 법명은 법능 처사입니다. 소매
속에 착한 일을 권하는 책을 들고 널리 알렸습니다. 단월의 집안에 영원
히 무너지지 않는 인연을 심었습니다.

극락교주 아미타불, 원통교주 관세음보살 두분을 조성하였습니다.

옹정 4년 병오 6월에 공사를 시작하여 다음 3월 일에 공사를 마쳤습니다.
널리 중생을 제도하고 함께 정각을 성취한 것입니다.

이 불상을 조성한 공덕을 널리 일제 법계에 회향하오니
우리와 일체중생들이 다 함께 깨달음을 성취하기를 발원합니다.

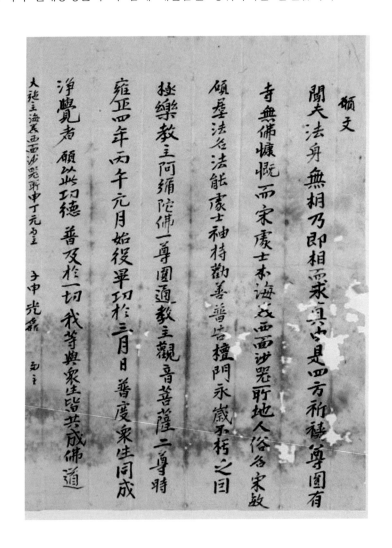

20. 1726년 동해 삼화사 목조지장보살좌상 조성발원문 (평창 월정사 성보박물관 소장)

佛像造成發願文

造成尊像歸依禮　膽仰觀音大聖者　天眼觀我誠信禮

因此勝緣蒙佛記　速垂法雨滌塵垢　卽發無上菩提記

入山修道離魔障　一生不遇橫災難　處〻相逢明師友

不入邪道行正路　頓明文殊多種智　廣修普賢諸萬行

修回行願同地藏　恐難自力成此願　天衣佛石雖磨盡

證果[10]度生亦佛陀　伏請諸聖蒙加彼　我願深〻不可窮

如是所願弘誓願　因玆奉祝

惟願諸佛作證明

主上三殿下萬歲〻〻聖壽萬歲金枝鬱〻玉葉垂〻

干戈息靜於萬歲　國界恒安於不亂

平生發願佛像獨辯大施主邊氏禮还單身

　　子今立齋主木現增福壽

　　韓末叱同齋主　當生淨刹之願

願共含靈登彼岸世〻常行菩薩道摩訶般若波羅

密

…

擁正四年丙午四月江原道三陟四面太白山地藏庵造成畢努

　安于此庵後記也

---

10 증과 : 수행의 원인에 의해서 얻게 되는 깨달음의 결과로 해탈과 열반을 얻는다.

발원문

존상을 조성하고 귀의하며 예배를 드립니다.
공경히 우러러 사모하는 관음대성자시여 !

천안으로 우리의 정성과 믿음과 예배를 보시고
이 수승한 인연으로 인하여 꿈속에서 수기를 주소서.

속히 감로의 법우를 내려 번뇌를 씻어 주시어
곧바로 위 없는 보리심을 일으키게 하소서.

절에 들어와 수행할 때는 마장을 제거해 주시고
일생동안 횡액과 재난과 어려움 만나지 않게 하소서.

가는 곳마다 밝은 스승과 도반을 만나게 하시고
바른 도를 실천하고 삿된 길에는 들어가지 않게 하소서.

문수보살의 뛰어난 갖가지 지혜를 밝게 깨닫고
보현보살의 모든 만행을 널리 닦게 하소서.

지장보살과 함께 행원을 돌아가며 닦아서
두렵고 어려운 수행을 자신의 힘으로 이 원력을 성취케 하소서.

부처님께서 천의로 비록 돌을 다 없애는 시간이 걸린다고 하셨지만
깨달음을 얻어 중생을 제도하기를 부처님처럼 되게 하소서.

여러 성인들의 몽중 가피를 엎드려 청하오니
우리의 발원은 깊고 깊어서 끝이 없나이다.

이와 같이 큰 서원의 소원을 발원하고
이와 같은 인연으로 공양을 올리고 봉축합니다.

오직 바라건대 모든 부처님께서 증명해 주소서.

주상삼전하 만세 만세 성수만세
금가지가 무성하니 옥엽이 우수수

창과 방패가 쉬니 만세가 안정되고
나라는 항상 전쟁이 없어서 편안합니다.

평생 발원한 불상 독판 시주자는 변예환 단신
아들 금립 재주는 현생에서 복과 수명이 증장하고
한말동 재주는 임종 후 정토에 왕생하길 발원합니다.

일체중생들과 함께 피안에 오르고,
나는 세상마다 항상 보살도를 실천하길 발원합니다.
마하반야바라밀

옹정 4년 병오 4월 강원도 삼척 사면 태백산 지장암에서 조성을 마치고
이 암자에 봉안한 후에 기록하였습니다.

造我尊像敬依禮　瞻仰觀音大聖者　天眼觀我誠信禮

因屯勝緣蒙佛記　速要涉兩滌塵垢　即發無上菩提記

入山修道離魔障　至不過橫災難　愛之相逢明師友

不入邪道行正路　頓明文殊多種超　廣修善願諸万行

修回行願同世藏　悲難自力成步願　我願涅槃之不可解

證果度生未佛死　伏請諸聖蒙加被

如是所願弘誓願　國茲奉祝

摧顏諸佛作證明

天衣拂石難磨五

21. 1730년 김천 대휴사 목조보살좌상 조성발원문

靈山殿刱建幀佛等象丹雘記
歲在康熙五十六年丁酉春八人忽飛灰爐于東上其舍以左右
金鼓之擧謹鳩才穀屬別座笠印勝師越明年庚子春乃
作法堂三間於此而與大雄寶殿通上應列宿下納地靈北
接黃岳南控伽倻其東西諸峯林壑之奇勝不可具忕若言
其四時之景則鵑花爛熳粧列岳之奇色黃鳥睍睆喚淸
和之住勝錦堆楓林繪千山之秋容雪封幽壑噴萬樹之
瓊屑則皆此堂之可觀也然而所欠者幀佛與等象丹青
三者受有大德海淸長老與別任信楚發願鳩財康熙壬
寅天中節[11]靈山會一部及八相幀四軸畵成因爲丹青焉
又有其名雪梅師亦雲水道人也任勸不有年所得額
多與別座弘祐謹請名現證師及良工扵雍正八年庚
戌孟夏如來金相三尊造成奉案于蓮臺上因設落
成之會殿內之美備矣登斯殿也則錦…色襲人淸光奪目
鳴磬禮佛也身勢飄丶然如遺世獨立化登忉利之天宮是
以詩人到此方詩懷覺爽道客登臨方道念淸潔至
若永福者祝壽者翫景者尋真者相繼以諂禮不絶
衆人之歸仰也審矣僧故月下閑點鍾鼓而焚香默坐消
遣世憲此則禪家之勝槩也且寺中經營之役佳則佳矣而
淸長老梅道人畵造之功亦可休哉後之人與二師共志者
嗣以重修則庶斯殿佛之不毁也時

---

11 천중절 : 天中佳節의 줄임말로, 단오를 이르는 말이다.

雍正九年白猪林鍾¹²下浣日小衲山人 世伯 記

영산전 창건탱 부처님상 단확기

강희 56년 정유 봄에 8인에 있었는데 홀연히 불씨가 날아와 동쪽 위의 집과 좌우에 있던 금고도 다 불에 타버렸습니다.

삼가 소속되어 있는 별좌 축인이라는 훌륭한 스님이 재물과 곡식을 모았습니다.
이듬해인 경자년 봄에 삼 칸의 법당을 이렇게 대웅보전과 지었습니다.
위로는 하늘의 별들이 감동하고 아래로는 땅의 신이 바치는데 통하였습니다.

북으로는 황악산과 붙어있고, 남으로는 가야산과 마주 보고 있습니다.
그 동서의 여러 봉우리와 골짜기의 숲은 기이하고 훌륭함은 사치를 갖추고 있지 않습니다.
만약 말한다면, 그 사계절의 경치는 두견화가 흐드러지게 단장하고 펼쳐져 있어서 산이 장관입니다.
풍색은 황조롱이 눈앞에 어지러이 날며 노래 부릅니다.
맑고 평화로운 곳에 머물러 단풍나무 숲에 쌓인 단풍은 아름다운 비단 그림같이 훌륭합니다. 수많은 가을 산의 얼굴은 그림 같습니다. 겨울의 깊은 산골짜기를 보면 수많은 나무가 모두 구슬을 뿌려 놓은 것 같습니다.

---

12 백저임종 : 신미년. 백저는 흰 돼지로 서쪽을 의미하고 방위는 辛이고, 임종은 12율의 여덟째 음으로 방위는 未이다.

모두 이 법당에서 바라보는 경관입니다. 그러나 탱화의 부처님, 불상, 단청 이 세 가지가 없는 것이 흠이었습니다.

해청 장로와 별좌 소임을 보는 신초 스님이 있어 같이 발원하여 재물을 모았습니다.

강희 임인년 단오절에 영산회 4점과 팔상점 4점을 그리고 바로 단청도 완성하였습니다. 또 그 이름이 설매라는 스님이 있었는데 운수 도인입니다. 권선의 소임을 맡았는데 여러 해가 되지 않아서 많은 금액의 소득이 있었습니다. 별좌 홍우 스님이 삼가 이름난 증사와 훌륭한 장인을 초청하였습니다.

옹정 8년 경술 한여름에 금색여래 삼존을 조성하여 연화좌대에 봉안하고 바로 낙성법회를 베풀었습니다. 비로소 영산전 안이 아름다움을 갖추게 되었습니다.

이제 영산전에 오르면 아름다운 비단 … 색은 사람을 엄습하고 밝은 빛은 눈길을 빼앗습니다. 예불하는 경쇠 소리에 일신의 신세는 표표히 날아갔습니다. 그러나 어찌 세상을 버리고 독립한 것과 도리천 궁에 올라 화현 하신 일과 같지 않겠습니까.

시인이 이곳에 오면 바야흐로 시상을 시원하게 깨달을 것이요. 도를 닦는 사람이 오르면 바야흐로 도심이 청결한데 이를 것입니다. 만약 복이 영원하길 빌거나 오래 살기를 빌거나 정치를 즐기거나 진리를 찾고자 하는 이들은 서로 계합하는 것이 있을 것입니다.

부처님께 조아리는 중생들이 끊이지 않고 우러러 귀의가 더욱 번성할 것입니다. 귀의한 승려가 한가한 달 아래 종과 북을 치고, 향을 피우고 묵묵히 앉아 세상을 버리는 가르침의 소식을 전합니다. 이것이 곧 선가의 훌륭한 죽비입니다.

또 절을 경영하는 부역도 아름답고 아름답습니다. 해청 장로와 설매 도인이 그림을 조성한 덕은 가히 기리어 찬미할 만합니다. 후세 사람들이 두 스님이 한마음으로 대를 이어 중수했기 때문에 거의 이 전각의 부처님은 훼손되지 않을 것이라 했습니다.

옹정 9년 신미 6월 하순 일에 소납 산인 세백 지었습니다.

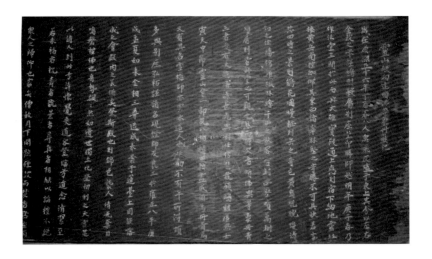

22. 1735년 석가삼존불좌상 조성발원문 (서울 천축사 불상 발견)

發願文

釋迦如來遺教弟子靈瓊齋沐焚香稽首歸命

十方常住帝綱重〻華藏海大慈悲佛菩薩因陀羅綱中伏

念弟子與大功德化主等

同生象季佛前佛後渴來三界漂沈靡歇貪嗔未除輪環難逃

赤子思母優塡王始爰收衆緣創補有像

釋迦如來左右補處慈氏彌勒菩薩提花竭羅菩薩三尊像而

始於甲寅之冬成於乙卯之秋七月二十九日願以此功德奉為

先王先后列位仙駕與先亡父母列名靈駕兼及法界亡魂等直往極樂

之淨土親見如來之尊顏蒙佛授記亦願檀信等見聞隨喜抑願緣

化各〻比丘等咸登覺岸伏願

十方常住三寶特垂證明無量功圓應者

主上三殿下壽萬歲

…

雍正十三年乙卯秋七月二十九日奉安于

京畿三角山西岩寺

발원문

석가여래 유교제자 영정 목욕재계하고 향을 사르고 목숨을 다해
귀의하며 머리 조아려 예배드립니다.

시방세계에 상주하시는 한량없는 중중무진 화장찰해의
대자대비 불보살님들 인드라망 속에 엎드려 염원하는 제자와
화주한 대공덕주 등이 상법이 끝인 부처님 이전이거나 부처님
입멸 후에 함께 태어나서 목마르게 부릅니다.

삼계에 깊이 빠져 표류하면서 쉬지 못하고, 탐진을 제거하지
못하여 윤회의 수레바퀴에서 벗어나기 어렵습니다.

갓난아이가 어머니를 생각하듯이, 우전왕이 대중들의 의견을 받아들여
시작했습니다.
이에 대중들의 인연을 모아서 상이 있는 보처를 만들게 되었습니다.

석가여래, 좌보처 자씨미륵보살, 우보처 제화갈라보살 삼존상을
갑인년 겨울에 시작하여 을묘년 가을에 7월 29일에 조성했습니다.

이 부처님을 조성한 공덕으로 선왕 선후 여러 위의 선가들과 선망부모
의 제위 영가들을 받들고, 그리고 법계의 망혼들이 곧바로 극락정토에 왕
생하고, 아미타여래를 친견하고 머리를 어루만지시는 마정수기를 받기를
발원합니다.

또 발원합니다.
신심 있는 단원들과 보고 듣고 기쁘게 우러러 발원하고,
화주한 인연들과 각각 비구들도
모두 깨달음의 언덕에 오르기를 엎드려 발원합니다.

시방에 항상 계시는 삼보께서 특별히 자비를 드리우사

무량한 공덕이 원만히 감응하심을 증명해 주소서.

주상삼전하 수만세
…

옹정 13년 을묘 가을 7월 29일
경기 삼각산 서암사에 봉안하였습니다.

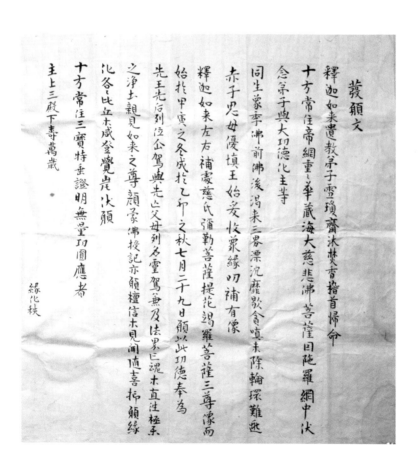

23. 1736년 제천 강천사 목조보살좌상 조성발원문

乾隆元年丙辰五月旣望日丹陽西面錦繡山曹

溪寺極樂殿三尊佛像新成願文

詳夫九類[13]雖異一性本同聖名凡號盡是虛聲淨土穢

邦皆爲幻相苟明斯旨更看何求乎然世界雖多

極樂爲勝三世諸佛之中彌陀三尊爲第一玆以化主

幸察鳩工聚財請諸良工造成三尊佛像此是無相中

現也相豈不美哉是以誓與道場同業大衆及諸遠

近同願施主乃至一切見聞隨喜者同往唯心淨土同見

自性彌陀蒙授記得無生忍已同乘大悲船泛生死海

中窮未來際撈漉群迷皆得往生極樂世界是所

願也

건륭 원년 병진 5월 16일

단양 서면 금수산 조계사 극락전 삼존불상을 새로 조성한 발원문

자세하게 이릅니다.

아홉 가지의 중생이 비록 다르지만, 근본적으로는 같은 한 성품입니다.

성인의 이름과 범부 호칭은 다 헛소리이고 정토와 예토도 다 환상입니다.

---

13 구류 : 九類生, 九類衆生의 줄임말이다. 과거에 지은 선악 행위에 따라 과보를 받는 아홉 가지의 생을 받는다. (금강경) 태·란·습·화·유색·무색·유상·무상·비유상비무상 등이다. 구류중생은 하나의 법계에 동거하며 공존한다. (『화엄경』「세주묘엄품」)

진실로 이 뜻을 밝혔습니다. 다시 어찌 구할 것을 분별하겠습니까. 그러나 세계는 비록 많아도 극락이 제일 수승합니다. 삼세 제불 중에 아미타삼존이 제일입니다. 그래서 행찰 스님이 재물과 자재를 모았고, 여러 훌륭한 장인을 초청해서 삼존불상을 조성하였습니다.

이 불상은 본래 상이 없는 가운데 모습을 나타냈습니다.
그러니 어찌 아름답지 않겠습니까.
그러므로 서원을 세우는 사람과 도량은 같은 업을 가진 대중입니다.
여러 멀고 가까운 곳에서 함께 발원하고 시주한 분들과
혹은 일체의 보고 들은 사람들이 기쁘게 동참한 이들도 함께 유심 정토에 왕생하고, 함께 자성 아미타불을 친견하고 마정수기를 받아서 무생법인을 증득하게 하소서.

이미 대자대비의 배에 올랐으니 생사의 바다에서 떠남을 마쳤습니다.
미래세가 다하도록 어리석은 중생들을 다 건져서 모두 극락세계에 왕생시킬 것을 발원합니다.

濬寺極樂殿三尊佛像新成頌文

許夫九類雖異一性本同聖名億號盡是盧聲淨土穢

邪皆為幻相苟明斯旨更著何求于然世界雖多

極樂為勝三世諸佛之中彌陀三尊為首一兹以此主

拿察鳩工聚財諸良工造成三尊佛像此是無相中

現也相豈不发哉是以擅興道場同業大眾及諸邊

迨同頠施主乃至一切見聞隨喜者同往唯心淨土同見

目性彌陀蒙授記得無生忍已同素大悲松之主七每

中□□□□

24. 1737년 순천 선암사 응향각 목조비로자나불좌상 조성발원문

毘盧遮那佛入量願文
以次勝緣各ゝ大小施主結緣隨喜同參及緣化執
勞與樑匠種ゝ受苦等同生樂國那羅延身[14]壽
命無量供養如意無佛國中成等正覺與諸衆
生同歸淨土之願惟願淸淨法身毘盧遮那佛
…
乾隆元年丙辰六月日 勸化 比丘尼 守初

비로자나불 입량 발원문

이렇게 수승한 인연으로
각각 대소 시주의 인연을 맺고 기쁘게 동참하신 분들,
화주의 인연으로 직접 노력하신 분들,
기둥을 세운 여러 종류의 장인 등도 극락국토에 왕생하소서.

나라연의 금강신을 얻어 수명이 한량이 없고, 공양이 자재하고,
부처가 없는 국토에서 견줄 수 없는 정각을 성취하게 하소서.
모든 중생들이 함께 정토에 귀의하기를 발원합니다.

---

14 나라연신 : 천상의 力士이다. 불법을 지키는 신이다. 제석천의 권속으로 집금강의
   하나이다. 그 힘은 코끼리의 백만 배가 된다. 밀적금강과 함께 두 하늘이라고 한다.

오직 발원합니다.

청정법신 비로자나불의 자비로 증명하소서.

건륭 원년 병진 6월 일. 화주를 권한 비구니 수초

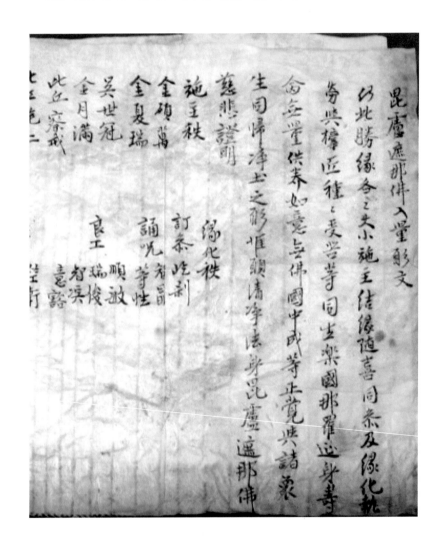

25. 1740년 속초 보광사 목조지장보살좌상 중수발원문

願文
偉哉甲午秋八月新造地藏尊像而今經八十餘年之間比丘
頓燀偶然發願補缺重修兩載經營敬請良工今已畢工仍以
伏願 檀越等與同參有緣證觀畵工化師知事¹⁵各ゝ等以此功德
共證無生之玄理遊戱菩提之場中亦願普利群生咸登彼
岸得不退轉之大願
…
乾隆五年庚申三月二十七日願文

발원문

갑오년 가을 8월에 지장보살 존상을 새롭게 조성한 일은 훌륭합니다.
지금 80여 년이 넘어서 금이 벗겨지고 훼손이 되었습니다.
비구 돈천이 우연히 결손된 것을 보고 중수하겠다는 발원을 하였습니다.
2년 동안 경영해서 재물을 모아, 훌륭한 장인을 공경히 청하여
지금 이미 공사를 마쳤습니다.

이에 엎드려 발원합니다.
단원들과 동참한 인연들이 있습니다.
증명을 맡아본 분, 화공, 화주한 스님, 지사 각각 등도

---

15 지사 : 고려 때 춘추관 어서원의 한 벼슬이다. 임금이 보낸 관리를 말한다.

이 중수 공덕으로 함께 무생법인의 현묘한 이치를 깨달아서
보리의 도량에서 유희하기를 발원합니다.

또 발원합니다.
널리 일체중생들을 이롭게 하고
함께 피안에 오르며
불퇴전의 신심의 대원을 발원합니다.

건륭 5년 경신 3월 27일

願文

偉武甲午秋八月新造地藏尊像而今經八十餘年之間比丘
頼煇偶然發願補缺重修而載經營敬請良工今已畢工仍以
伏願擇趣岸與同谷有緣證觀盡工化師知事各三拳以此功德
共發無生之玄理遊戲菩提之場平志願普利群生咸登彼
岸滑不退轉之大願

　　　　　　　　　　　　　　　綠化秋
　　　　　　施主秋　　山中老德萬善　證明秋淨
　　　　　　　　　　　　　　　盡工變歛
　　大施主崔大微　　　　　魏劉愿群　　豐擇

26. 1743년 임실 신흥사 목조삼존불좌상 개금묵서

獅子山
新興寺大雄殿 佛像三尊 改金
與羅漢主佛 十六改彩及 藥師殿
佛像一位又 於寂照庵 觀音與 南巡童
子 海上龍王 仰亦 宗南山 松廣寺北
庵 彌勒佛一位 峨嵋山 極樂庵地
藏菩薩一位 諸處大小願佛 五位三殿牌[16] 新造成改彩
…
初辦佛像羅漢造成 時年月日不書記
錄故後生人不知耳已也

　사자산 신흥사 대웅전 불상 삼존 개금과 아라한 주불과 십육나한상의 개금과 채색을 새로 하였습니다.
　약사전 불상 1위, 적조암 관세음보살과 남순동자, 해상용왕의 개금과 채색을 새로 하였습니다.
　또 우러러 예배하는 종남산 송광사 북암의 미륵불 1위
　아미산 극락암의 지장보살 1위
　여러 곳의 크고 작은 원불 다섯 위의 삼전패도 새로 조성하여 채색하였습니다.

---

16 삼전패 : 왕, 왕비, 태자가 건강하고 오래 살기를 축수하기 위하여 만든 비문 형태의 아름다운 위패이다. 법당의 불단에 모신다.

...

처음 조성한 불상, 아라한을 조성한 것은 년 월 일을 적은 기록을 알 수 없습니다.

기록이라는 것은 뒤에 태어난 사람이 알지 못할까 해서입니다.

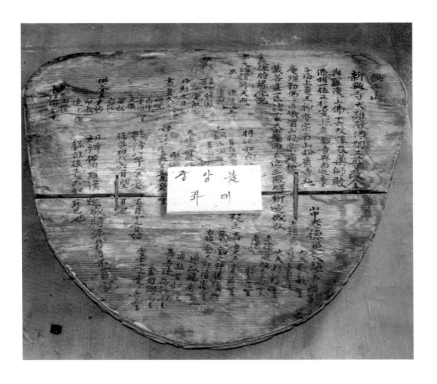

Ⅳ. 18세기 후반

1. 1754년 곡성 수도암 목조관음보살좌상 조성발원문

乾隆十九年甲戌初四月十五日始役
于全羅左道玉果縣聖德山觀音寺五月初
五日奉安于無說庵

主上三殿下聖壽萬歲

觀世音菩薩
尊像獨辨大施主安泰明兩主保體 以此造成
善根功德現世消灾觧寃增福保體報萬往生見
佛得道還度苦海衆

건륭 19년 갑술 4월 15일 부역을 시작하여
전라좌도 옥과현 성덕산 관음사의 무설암에 5월 5일 봉안하였습니다.

주상삼전하 성수만세

관세음보살 존상 독판 대시주 안태명 양주 보체

이 관세음보살을 조성한 선근 공덕으로
현세의 재앙이 소멸하고 원결은 풀어지며
복은 불어나게 하소서.

안태명 양주 보체의 만 번 극락정토에 왕생하는 과보를 받으소서.
아미타부처님을 친견하고 깨달음을 얻고 돌아와서
고해의 중생들을 제도하소서.

국립광주박물관 사진 제공

2. 1762년 강화 전등사 목조석가여래삼불좌상 개금발원문

      願文   彌陀

乾隆二十七年壬午二月二十三日改金重修

靈山敎主釋迦牟尼佛一位 西方極樂敎主阿彌陀佛二位 東方滿月敎主

藥師如來佛一位 藥常菩薩一位 五尊畢功安于京畿右道江華府南嶺鼎足山

傳燈寺

 惟我

無量壽佛慈深苦海悲含生靈大開方便之門眞示往生之路八功德水(星月)能淸五

濁之心

七寶行樹仙禽皆念三歸之法是以 願我各各先亡父母列名法界含灵等親見

玉毫得證法忍金剛石上興菩薩逍遙阿耨池[1]中步蓮花以遊戲頓脫幻海永歸寂場

 伏願

主上殿下 王妃殿下 世子邸下 珠基地久寶曆天長文武咸忠于戈偃息法輪常轉

國界恒安 柳願所求所願一一成就遂今三有衆生皆入念佛三昧

   나무아미타불 발원문

   건륭 27년 임오 2월 23일 수리하고 금을 새로 입혀드렸습니다.

   영산교주 석가모니불 1위, 서방 극락교주 아미타불 2위, 동방만월교주 약사여래불 1위, 약상보살 1위 등 5존의 조성을 마치고

---

1 아뇩지 : 설산 북쪽에 있다는 연못.(『사십이장경』,『대승본생심지관경』「염사품」) 여기서는 극락세계의 연화세계를 뜻한다.

경기우도 강화부 남쪽 정족산 전등사에 봉안하였습니다.

저는 오직 무량수불의 깊은 사랑으로 고통의 바다와 자비심으로 법계 중생을 위하여 큰 방편의 문을 크게 연 것은 진실로 왕생의 길을 보여주신 것이라고 여깁니다.

해와 달 같은 팔공덕수는 능히 오탁악세의 마음을 청정하게 합니다.

칠보로 된 나무에서 날아다니는 신령한 새들은 다 삼귀의 법을 설하고 노래합니다.

그러므로 우리들이 발원합니다. 각각의 선망부모 여러 이름과 법계 중생들도 옥호광명을 친견해서 무생법인을 증득하기를 발원합니다.
금강석 같은 상흥보살은 아뇩다라삼먁삼보리라는 연못의 연꽃 위를 걸어 다니며 유희하다가 환상의 세상을 문득 해탈하고 영원히 적멸의 도량으로 돌아갑니다.

엎드려 발원합니다.
주상전하, 왕비전하, 세자저하 여의주처럼 그 자리에 오래 머무소서.
천자께서는 길이 오래 사시고, 문무대신은 다 충성하고,
창과 방패는 누워서 편히 쉬고, 불법은 항상하고,
나라는 창칼에서 편안하게 하소서.

모여서 발원합니다.
구하는 바와 원하는 것은 낱낱이 성취하게 하소서.
지금까지 따라온 삼계의 중생들도 다 염불삼매에 들게 하소서.

乾隆二十七年壬午二月廿三日改金重修

靈山敎主釋迦牟尼佛一位　西方極樂敎主阿彌陀佛二位　東方滿月敎主

藥師如來佛一位　藥常菩薩一位　五尊畢功安于京畿右道　江華府南嶺弼足山

傳燈寺

惟我

無量壽佛慈深苦海念生靈大闡方便之門直示往生之路八功德水體清五濁之心

七寶行樹仙侶皆令三歸之法是以　願我各三先三父世列名法界含靈等親見

星月

玉毫得證法忍金剛石上興菩薩逍遙阿耨池中步蓮從以遊戲頓幻海永歸寂塲

伏願

主上殿下　王妃殿下　世子邸下　珠基地久寶曆天長文武咸忠于我恒息法輪常轉

3. 1765년 서울 봉은사 대웅보전 목조석가여래삼불좌상 개금발원문

乾隆參拾年乙酉三月日修道山奉恩寺大光寶殿

娑婆教主釋迦牟尼佛

東方教主藥師如來佛

西方教主阿彌陀佛　三世如來尊像改金佛事始

　　於三月十九日終於四月初三日一寺之天心及幹善比丘等

　　誠心勤勞十方檀那等捨施之力連聲相應成就

　　紫金嚴相豈不爲刻栴壇爲聖像得蒙

　　黃面之親記也往者造成與改金之跡未規腹藏故猶昧

　　其始終而古口傳言曰昔仁氏慈氏²兩宮時所安

　　三世如來安移于此矣己巳之火失

　　釋迦如來尊像嗣後造成以安其位云云矣今日同參大衆

　　伏此最勝功德咸脫輪廻同成正覺者

　　　　遠孫弟子嶺南人 聖奎 參證席 焚香謹書

건륭 30년 을유 3월 일

수도산 봉은사 대광보전

사바교주 석가모니불

동방교주 약사여래불

---

2 인씨 자씨 : 인씨는 석가모니불이고, 자씨는 미륵불이다.

서방 교주 아미타불
삼세여래 존상 개금불사는 3월 19일 시작하여 4월 3일 마쳤습니다.

어느 절의 천심이라는 스님과 간선 비구 등이 지극한 마음으로 부지런히 노력해서 시방의 단월들로부터 희사받은 힘으로 연이은 소리에 상응하듯 자금색의 장엄한 상호를 성취하였습니다.

어찌 전단 향나무로 불상을 조각하지도 않았는데, 꿈속에서 금빛 얼굴의 부처님이 친히 수기를 주시는 가피를 입었습니다. 조성하고 개금한 공덕으로 왕생할 것입니다. 복장물에 대한 내용과 복장의식에 대한 규칙을 알지 못해서 그 시작과 끝이 똑같이 어둡습니다. 옛 구전으로 전해오는 말이 있습니다.

"옛날 인씨와 자씨가 두 궁전에 있을 때 삼세여래가 안치되어 있었는데 이곳으로 옮겨서 안치하였습니다. 기사년에 화재가 나서 석가여래존상이 소실되었기에, 후에 바로 조성해 그 자리에 봉안하였습니다."

오늘 동참 대중들이 이렇게 최고 수승한 공덕으로
모두 윤회에서 해탈하여 함께 정각을 이루기를 엎드려 발원하나이다.

먼 손주 제자 영남 사람인 성규가 증명석에 참석하여 향을 사르고 삼가 지었습니다.

乾隆叄拾年乙酉三月十作道山奉東六三六日

婆婆教主釋迦牟尼佛

東方教主藥師如來佛

西方教主阿彌陀佛 三世如來尊像改金佛事始

於三月十九日終於四月初三日 寺之僉心及幹善比丘等

誠心勤勞十方檀那等捨施之力連聲相應成就

紫金嚴相豈不美哉剋梅檀為聖像得蒙

黃面之親記也往者造成興改金之蹟未規腹藏故槢昧

4. 1769년 경주 불국사 대웅전 삼존과 관음전 독존 개금기록

乾隆三十四年乙丑五月十三日大雄殿三尊觀音殿獨尊改金重修迦
葉阿難新畵成大雄殿後佛帳帝釋天龍會成造大化主凌虛堂
宇定大禪師塗金良工湖南尚淨畵幀良工本寺有成等二
三人改金大施主通政采遠觀音像改金施主石峯堂任活大師獨當
後佛幀大施主嘉善大夫學眞

건륭 34년 을축 5월 13일

대웅전 삼존, 관음전 독존을 개금하고, 가섭과 아난도 중수하였습니다.
대웅전 후불탱화를 새로 그려 조성하였습니다.

제석천룡탱(신중탱)은 대화주 능허당 우정 대선사가 조성하였습니다.
도금은 호남의 훌륭한 장인 상정이 하였습니다.
탱화는 본사의 훌륭한 장인 유성 등 6명이 하였습니다.
개금 대시주는 통정 채원이 하였습니다.

관음상의 개금시주는 석봉당 임활 대사가 혼자서 담당하였습니다.
후불탱화 대시주는 가선대부 학진이 하였습니다.

自納化主通政斗日性宅斗閑海淑通政大演催坦卟淑娘演始敏等

都畵員□□副畵毀淨一普觀音進教源以君鳴等五十三本

都監前僧統閏悟

別座通政大夫雷善

乾隆三十四年己丑五月十三日大雄殿三尊觀音殿獨尊改金重修如

釋阿難新畵成大雄殿後佛幀帝釋天龍會成造大化主凌虛堂

宁定火禪師塗金良工湖南□□禪畵幀退玉本寺有成寺呈

三人改金大施主通政米远觀音像改金施主石峯堂任活大師獨當

後佛幀大施主嘉善吳夫學真堂

5. 1778년 온양민속박물관 목조대세지보살좌상 조성발원문

乾隆四十四年戊戌閏六月日 茂長禪雲寺白蓮庵
彌陀尊像大勢至菩薩 新成於井邑內藏山圓寂庵
聖殿熾盛光如來 日月兩卉及七星佛新成所 而觀音
尊像 但改金 則曾有故也 敬安于本庵蓮花寶座
化主別座等 伏願 以此 功德 多小檀信 隨喜同參
信緣等生前同致吉祥 永無災患 死往九品蓮臺
上 同見彌陀 得蒙授記 先亡父母祖先師長親眷
皆生極樂 怨親 平等同次法波

건륭 44년 무술 윤 6월 일

무장 선운사 백련암 아미타존상, 대세지보살을
정읍 내장산 원적암에서 새로 조성하였습니다.
칠성전의 치성광여래, 일광과 월광보살, 칠성불을 새로 조성해온 곳입
니다.
관세음보살상은 단지 개금만 하였는데 일찍부터 있었던 존상입니다.
본 암자의 연화보좌에 공경히 봉안하였습니다.

화주와 별좌 등이 엎드려 발원합니다.
이 불상을 조성한 공덕으로 다소의 신심 있는 단원들과 기쁘게
동참한 신심 있는 인연들이 생전에는 함께 행복을 이루게 하소서.

영원히 재앙과 근심이 없어지게 하소서.

죽어서는 극락의 구품연대 위에 왕생하게 하소서.

함께 아미타불을 뵙고 마정수기를 받게 하소서.

선망부모와 조상, 스승, 친척들도 다 극락왕생하게 하소서.

원한 맺은 친족들도 실제는 평등하듯 똑같은 진리의 세계에 들게 하소서.

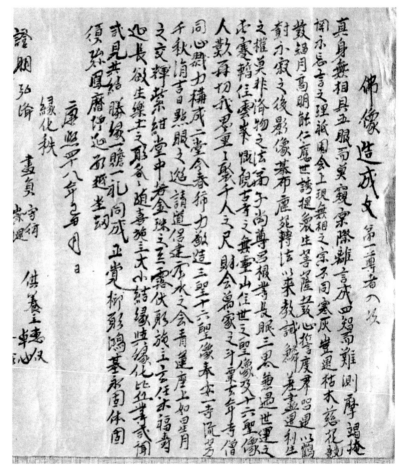

온양민속박물관 사진 제공

6. 1785년 김천 직지사 천불전 석조여래좌상 조성발원문

乾隆甲辰十二月十二日千佛中二百五十九
位於慶州地祇林寺造成翌年正月二十四日
點眼二十六日發程陸路造輦二十二次陸路移
運各寺僧軍搜肩爭侍道路觀瞻鬧若市
肆二月初四日到本寺於其中間不風不雨揚瑞彰
光德譽廣著道伯及郡宰招僧捨施瓿者擲
錢³幾至百餘貫矣二月初十日始舊佛七百四十一位
塗粉重修至二月二十四日點眼二十五日新舊千尊
幷爲奉安財力從無化有至數千金而訖功大小檀
越及緣化諸比丘一寺同結因緣者咸脫輪廻共登千
佛現世之場同蒙授記者
大施主嘉善比丘省輝捨二百金
大施主嘉善朱奉傑捨一百金
大施主嘉善比丘良信捨五十金
諸檀越新位三兩舊位二兩或兩錢斗米各出隻手共

건륭 갑진 12월 12일

천불 중 259위를 경주 기림사에서 이듬해 1월 24일에 조성하고 26일에
점안하여 가마를 만들어서 모시고 육로로 길을 떠났습니다. 22차에 걸쳐

---

3 척전 : 쇠붙이의 돈을 던져서 그 표리를 따져 길흉을 점치는 일. 돈점, 돈치기

육로로 이운하였습니다.

각 사찰의 많은 승군이 다루어 어깨에 메어 모시고 도로로 나왔습니다.
우러러 보며 공경히 기도하는 사람들로 시끄럽기가 시장과 같았습니다.
2월 4일 직지사에 도착하였습니다.

그 오는 중간에 바람도 없고, 비도 없고 상서로운 빛이 하늘에 가득하
였습니다.
공덕을 찬양하고 널리 다니자 도읍의 재상과 관찰사가 보시한다면서 스
님을 초대하였습니다.
척전으로 점치기를 하면서 놀았습니다.
여러 번에 이르자 백여 관이 되었습니다.

2월 10일에 시작하여 옛 불상 741위를 2월 24일에 중수하고 분을 바르
고 25일에 점안하였습니다.

신구 천 불을 같이 봉안하기 위한 재력이 원래는 없었습니다.
도읍의 재상과 도백이 화주한 것이 수 천금이 되어 공사를 무사히 마치
게 되었습니다.

모든 단월과 화주한 인연 등 여러 비구들이 한 사찰에 함께 인연을 맺
었습니다.

모두 윤회에서 해탈하고 함께 천 불이 현신하신 세상의 도량에 올라 함
께 마정수기 받기를 발원합니다.

乾隆甲辰十二月十二日千佛申二百五十九

位於慶州地祇林寺造成翌年正月二十四日

點眼二十六日發程陸路造輦二十二次陸路移

運各寺僧軍搜眉爭侍道路觀瞻闐若市

肆二月初四日到本寺柂其中間不風不雨揚瑞靄

光德譽廣著道伯及郡宰招僧捨施歂者櫛

錢幾至百餘毋買美二月初十日始舊佛七百四十位

金多重叁至二月二十四日京辰二玉二月作二二手

7. 1790년 화성 용주사 목조석가여래삼불좌상 조성발원문

1. 『원문願文』

聖上之十三己酉十月七日 永祐園[4]梓宮 卜吉地移奉于水園之顯隆園[5] 越明年二月十九日營願寺于園傍東北二里許利仁察訪曹允植薰其事 又命臣德諄興龍洞宮小次知臣尹興莘 來監造像畵幀之役 塗彩器皿帷帳舖陳旗幟羶盖鍾鼓佛腹[6]寶坐幅皆自內下 仍令管檢其八月十六日 行供始役 九月三十日告功 十月初日行點眼齋招延國內名僧 宇平性逢等義沾璀絢 爲證師 震環法眼豊一迪澶呂贊竺訓等爲誦呪獅馹哲學養珍月信弘尙天祐慧玘等都監別座持殿書記 尙戒雪訓戒初奉玹等二十僧造像 旻寬尙謙性允等二十五畵幀 俱極精美 堂宇壯麗 幀像之嚴 儼然出尋常於戱 以我慈宮邸下爲宗祊至誠盛德主上殿下奉承大孝皇天祖宗陰德聖佛靈信黙佑邦慶應期 國本大定神人之歡喜溢于宇宙 伏願大慈世尊吊加春願主上殿下王妃殿下亨岡陵之壽臻堯舜之治 聖子神孫繼繼承承於千萬年 元子邸下仁孝賢明四方延頸 仰德神明 保讚壽福寧王大妃殿下慈宮殿下萬壽無疆福椽永昌 百靈衛護園寢[7]萬歲永吉之大願 前司[8]謁黃德諄小次知尹興莘拜手稽首

---

4 영우원 : 조선 시대 영조의 둘째 사도세자의 묘.
5 현륭원 : 조선 시대 정조의 아버지인 사도세자의 묘.
6 불복 : 佛腹藏, 佛腹藏物의 줄임말이다. 불상을 조성하고 그 내용을 적은 발원문과 경전 등을 불상 속에 넣는 내용물.
7 원침 : 왕비, 왕세자빈, 왕세손빈, 후궁 등의 무덤.
8 전사 : 조선 시대 병영, 수영 등의 군대 편제의 하나이다. 중앙·좌·우·전·후의 오사를 두고, 그 밑에 좌우의 초를 두었다.

성상에 오른 13년 기유 10월 7일 영우원에 관을 묻기 위한 길지를 점쳤습니다.

수원의 현륭원으로 내후년 2월 19일 받들어 옮겼습니다.

영원사는 현륭원 곁에서 동북으로 2리쯤 거리에 있습니다.

이인 찰방 조윤식이 분향하고 섬겼습니다.

명을 받은 신하는 덕순, 흥류, 동궁 등을 대신한 관리로

불상과 탱화 일의 감독을 맡은 윤흥신이 와서 아뢰었습니다.

"칠을 하는 그릇, 휘장과 장막, 펴고 묶는 것, 깃발과 표지,

가마와 덮개, 종과 북, 부처님 복장물, 부처님이 앉는 좌복 등은

내탕금으로부터 내려주소서."

이에 8월 16일 명령을 내려 단속을 주관하고, 9월 30일 받들어 공사를 시행하였습니다.

10월 1일에 공사를 보고하고 점안재를 위하여 국내의 이름난 스님을 초청하였습니다.

우평 성봉, 의첨 최현이 증사가 되고,

진환 법안, 풍일 적전, 여찬 축훈 등이 송주가 되었습니다.

사일, 철학, 양진, 원신, 출산, 천우, 혜기 등은 도감, 별좌, 지전, 서기를 맡았습니다.

상계, 설훈, 계초, 봉현 등 스물의 승려는 불상을 조성하였습니다.

민관, 상겸, 성윤 등 25명은 탱화를 맡았습니다.

극미의 정밀한 아름다움을 갖추었습니다.

당우는 장엄하고 화려했습니다.

탱화의 상호는 엄숙하였습니다.

아! 엄연히 예사롭고 뛰어나도다.

우리 왕세손 저하께서 크고 훌륭한 덕으로 지극 정성으로 선조의 제사를 지냈습니다.

주상전하를 받들고 계승해서 큰 하늘과 임금의 조상의 음덕에 효도하였습니다.

성인인 부처님의 신령하심을 묵묵히 믿었습니다.

나라의 경사를 응당히 도와주시기를 바랐습니다.

나라가 근본적으로 안정되려면 신과 사람의 즐거움과 기쁨이 우주에 가득 차서 넘쳐야 합니다.

엎드려 발원합니다.

대자대비하신 세존께 이르러 더욱 분발해 기원합니다.

주상전하, 왕비전하께서 산 같은 수명을 누리소서.

요순의 평화로운 치세를 이루소서.

성군의 자손들이 천 만년토록 대대로 이어지소서.

원자저하의 어짊과 효성과 현명하심은 사방에 우뚝하게 하소서.

신명의 덕을 우러러 의지하오니 수명과 복과 건강을 보호해 주소서.

왕대비 전하, 자궁 전하 만수무강하시고, 복록이 영원히 창성하게 하소서.

모든 신령이 호위하고 왕손들의 원칙은 만세토록 영원히 길하기를 발원합니다.

전사 황덕순이 와서 아뢰고, 작은 관리 윤흥신이 와서 손을 맞잡고 머리를 조아리며 절하였습니다.

2. 『제인방함諸人芳啣』[9]

恩重經石板鐵板自內下嘉慶七年六月二十二日　法華經十件全羅道順天松廣寺
引來　大雄殿寶榻後佛幀三世如來體幀畵畵員延豊縣監金弘道三藏幀畵員敏寬下
坍幀畵畵員尙謙　七星閣七星如來四方七星幀畵畵員敬玉演弘雲順等　大雄殿丹
靑都片手嘉善敏寬　天保樓都片手丹靑畵員僧江原道三陟靈隱寺八定　極樂大願
觀音菩薩造成彫刻畵員寬虛堂雪訓　西方阿彌陀佛造成彫刻畵員全羅道智異山波
根寺通政奉絃　東方藥師如來造成彫刻畵員江原道杆城乾鳳寺通政尙植　釋迦如
來造成彫刻畵員全羅道井邑內藏寺通政戒初　僧堂都片手平安道香山普賢寺僧義
涉　七星閣都片手七長寺僧雪岑　仙堂都片手江原道杆城乾鳳寺僧雲明　大雄殿都
片手全羅道長興天冠寺僧文彥　樓片手慶尙道永川銀海寺嘉善南漢總攝快性　鐵
物次知通政勝悟　正憲哲學　錢穀次知通政信策　書記震環

부모은중경의 석판과 철판을 위해 가경 7년 6월 22일에 내탕금을 하사
하였습니다.

법화경 10건을 전라도 순천 송광사에서 인쇄해왔습니다.
대웅전 부처님 후불탱, 삼세여래탱화는 화원 연풍현감 김홍도입니다.
삼장탱화의 화원은 민관이고, 하단탱화의 화원은 상겸입니다.
칠성각의 칠성여래, 칠성탱화의 화원은 경옥, 연흥, 운순 등입니다.
대웅전 단청 도편수는 가선 민관입니다.
천보루 도편수, 단청 화원 승려는 강원도 삼척 영은사 팔정입니다.

9　朝鮮總督府內務部地方局　纂輯, 『朝鮮寺刹史料 上』(1911), 60-61쪽.

극락왕생하기를 발원합니다.

관세음보살을 조각하고 조성한 화원은 관허당 설훈입니다.

서방 아미타불을 조각하고 조성한 화원은 전라도 지리산 파근사의 통정 봉현입니다.

동방 약사여래를 조각하고 조성한 화원은 강원도 간성 건봉사의 통정 상식입니다.

석가여래를 조각하고 조성한 화원은 전라도 정읍 내장사의 통정 계초입니다.

승당 도편수는 평안도 향산 보현사의 승려 의섭입니다.

칠성각 도편수는 칠장사 승려 설잠입니다.

선당 도편수는 강원도 간성 건봉사 승려 운명입니다.

대웅전 도편수는 전라도 장흥 천관사 승려 문언입니다.

천보루 도편수는 경상도 영천 은해사의 가선 남한 총섭 쾌성입니다.

철물 관리는 통정 승오, 정헌, 철학입니다.

전곡 관리는 통정 신책입니다.

서기는 진환입니다.

3. 『수원부지령등록水原府旨令謄錄』

… 佛像後偵監董 前察訪金弘道 折衡金得臣 前主薄李命基..佛像造成監董 黃德諄 尹興莘 … 自二月十九日至九月二十九日 合實役二百十六日 … 造成片手僧戒初 畵幀片手僧尙謙 … 木手都邊首僧萬謙 … 副邊首僧快性 自二月十九日至九月二十九日 合實役二百十六日 … 畵員邊手僧旻寬自八月十二日至九月二十九日 合實役四十五日 …

  … 불상과 후불탱화 감독 전 찰방 김홍도, 절형 김득신, 전 주박 이명기 … 불상 조성 감독 황덕순, 윤흥신 … 2월 19일부터 9월 29일까지 합한 실제 부역은 216일입니다. … 조성 도편수 승려 계초, 탱화 도편수 승려 상겸 … 목수 도편수의 우두머리 승려 만겸 … 부 우두머리 승려 쾌성입니다.

  2월 19일부터 9월 29일까지 합한 실제 부역은 216일 … 화원 도편수의 우두머리는 승려 민관입니다.

  8월 12일부터 9월 29일까지 합한 실제 부역은 45일입니다. …

8. 1791년 강릉 청학사 석조관음보살좌상 개금발원문

觀音
　願文
成此佛事功德林覆蔭上中下萬類　主上三殿壽
無量國界恒寧萬轉世大小檀那增五福緣化列局
成共佛神悅人歡護天龍雨順風調長歲稔見聞
隨喜遠與近同參結緣俱成覺
…

乾隆伍拾六年辛亥三月日改金于太白山雲興寺
　　　　般若庵奉安于仍玆庵也

관음 발원문

이 불사를 성취한 공덕으로 천상, 인간, 지옥 등
만 종류의 중생들에게 골고루 자비를 내려주소서.

주상삼전하의 수명이 무량하게 해 주소서.
나라는 만세토록 항상 평안하게 하소서.

모든 단월은 오복이 증장하고,
화주한 인연들이 여러 마을을 이룹니다.
부처님과 신들과 사람들이 함께 기뻐서 환희하니 천룡이 보호합니다.

때맞추어 비가 오고 바람이 불어서 세상 곡식은 잘 익습니다.

보고 듣고 시주한 사람들이 멀고 가까운 것을 가리지 않고

기쁘게 서로 동참하여 인연을 맺었습니다.

함께 정각을 이루기를 발원합니다.

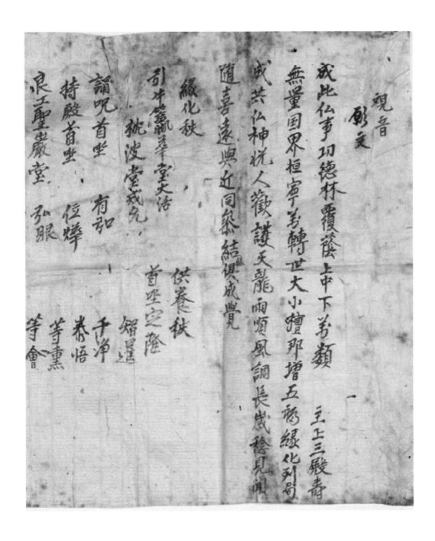

V. 19세기 전반

1. 1823년 순천 송광사 광원암 목조아미타여래좌상 개금발원문

改金記
吁本庵後佛與塑像塗金日久年深像無潤金形蒙塵垢行住咨嗟故別無鳩財化主本
房麗宗比丘累年經營畧干房財年年鳩聚其餘
縮缺自力擔當又或有信檀越者願同參後佛新成塑像改金不月告功大抵佛法中成
佛事此非偶然豈不天佑神助諸佛加被乎哉
道光三年三月初二日點眼

개금기

아! 광원암의 후불과 소상 도금한 것이 날이 오래되고 해가 오래되었습니다.
불상의 금은 윤기가 없고, 형상엔 때와 먼지가 끼어 어둡습니다.
가고 머무는 이들이 모두 애석해하며 탄식하였습니다.
별다른 재물이 없어서 본 방에 사는 여종 비구가 화주가 되어
여러 해를 경영해 약간의 재물을 모았습니다.
해마다 재물이 쌓여도 그 나머지 부족하고 모자라는 것은 자력으로 감당하였습니다.
또 신심 있는 단월이 있어서 동참하고 발원하여
후불을 새로 조성하고 소상도 개금하였습니다.
한 달이 되기 전에 공사를 마치는 보고를 하였습니다.

대저 불법 중에서 불사를 이루는 이것은 우연한 일이 아닙니다.
하늘이 돕고, 신이 도와야 가능합니다.
또 부처님의 가피가 없으면 어찌 되겠습니까.
도광 3년 2일 점안하였습니다.

이 불사의 공덕을 널리 일체 법계에 회향하오니
우리와 일체중생들이 다 같이 성불하기를 발원합니다.

改金記

吁本庵後佛與祖像塗金日久年深像無潤金形蒙塵垢行住坐喚故別無𡾡時化主本房麗宗比丘累年經營署千房時年〻鳩聚其餘

縮欠自力措當又或有信檀越自願同參後佛新成塑像改金不月告功大抵佛法中成佛事此非偶然豈不天佑神助諸佛加被乎哉

道光三年三月初二日　晝眼

證師　海鵬天遊化主
　　　勉淳
　　　天如
　　　祐定
　　　有定

畫員　度鎰

時祖室慶明

時會大衆

麗宗

別座巨日
應涼
盂郁
價元
賛問
黙涼
致英
致瑈
世鍾
進福
春億
宋一達
平宗
李得明

功淑
理榮

他處檀越
朴聖㫝
妻韓氏
河仁壽
朴氏

緣化秩
持殿表正
誦呪永炎
命訓
供養主道監
琴活

時任持宿庥
時持殿太性
時三綱演日
圓後
隱性

願以此功德　普及於一切　我等與衆生　皆共成佛道

2. 1830년 강화 정수사 불상 개금·중수발원문

願文
改金重修願力弘深大慈悲父觀世音菩薩一位願以此功
德我等與檀越大施主隨喜同參施主見聞隨喜緣化所
比丘等衆普及於四生七趣¹三途八難四恩三有一切衆生生前
安樂死後往生淨土之願
…
道光十年庚寅十二月十五日奉安于淨水寺

발원문

중수하고 개금하려는 원력이 넓고 깊었습니다.
대자대비의 아버지인 관세음보살 1위를 중수하고 개금하였습니다.

이 불사 공덕으로 우리와
크게 시주한 단월과
기쁘게 동참하여 시주하신 분,
보고 듣고 기쁘게 시주하신 분,
화주의 인연을 맡은 비구들 등 많은 대중들이
저 지옥, 아귀, 축생, 인간, 신선, 천상인, 아수라에서 나고 죽으며
번뇌와 업과 고통이 있는 삼도의 팔난 속에서

---

1 칠취 : 지옥·아귀·축생·인간·신선·천상·아수라(『능엄경』 제8권).

부모, 국가, 이웃, 삼보의 은혜가 있는 욕계, 색계, 무색계의 일체중생들이
살아생전에는 안락하고
사후에는 정토에는 왕생하기를 발원합니다.

도광 10년 경인 12월 15일 정수사에 봉안하였습니다.

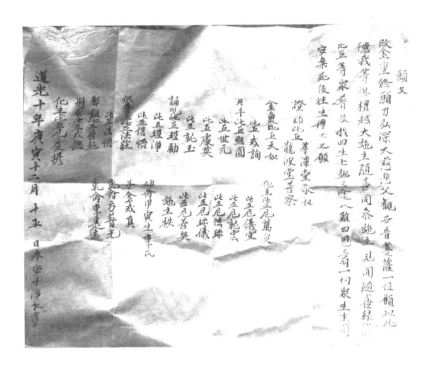

3. 1847년 울주 문수사 석조여래좌상 중수발원문

緣起　　丁未六月初二日奉安于
　　　說玄堂
此祇林卽羅代古刹亦四聖人游化
之場也中間興廢與時無常丙申大無
之後[2]各散僧徒復集而僅守一寮矣
去丙午春主人灵峰禪師重修玄堂
今春請布雲法師設華嚴大會三夏
仍作空花佛事玄堂龕上主佛及
普德庵主佛改金新興寺上室之主
佛本寺南庵之主佛長安寺主佛
本寺香爐殿願佛石窟庵主佛
新改粉又本寺說玄堂後佛佛幀新
興寺上室後佛幀長安寺神衆幀
普德庵山靈幀同時新畵成亦造
………二十二領當是時也諸山禪伯八
百衲子雲臻而共成無爲佛事於斯
迦葉可謂佛日增輝也伏願………
隨喜一會大衆及與一切水陸衆生
同登覺岸者

---

2 대무지후 : 大無之年의 뜻. 큰 흉작, 대단한 흉년

연기문

정미 6월 2일 설현당에 봉안하였습니다.

이 기림사는 신라시대의 고찰입니다.
네 분의 성인이 교화를 베풀던 도량입니다.
중간에 흥하고 무너진 것은 시절이 항상하지 않기 때문입니다.
병신년 큰 흉작 이후에 각지로 흩어졌던 승려들이 다시 모여들었습니다.
겨우 한 집만 남아 지키고 있었습니다.

지난 병오년 봄에 주인 영봉 선사가 현당을 중수하였습니다.
지금 봄에는 포운 법사를 청하여 화엄대회를 하안거 동안 베풀었습니다.
이어서 공화(空花)불사를 시작하였습니다.

현당 감실 위의 주불, 보덕암 주불 개금, 신흥사 상실의 주불, 본사 남암의 주불, 장안사 주불, 본사 향로전 원불, 석굴암 주불을 새로 채색하였습니다. 또 본사의 설현당 후불, 불탱화, 신흥사 상실 후불탱, 장안사 신중탱, 보덕암 산령탱 등을 같은 시기에 새로 그려서 조성하였습니다.
　…
당시의 시절에는 22개를 거느렸습니다. 여러 산의 선백 800명의 납자가 구름같이 모여서 함께 무위의 불사를 이루었습니다. 이것은 가섭이 말한 불법이 더욱 빛남입니다.

엎드려 발원합니다.
이와 같은 공덕을 널리 일체 법계에 회향하오니 기쁘게 동참한 이 회의 대중들과 일체 수륙 중생들도 함께 깨달음의 피안에 오를 것입니다.

丁未大月初二日奉安于

祓二百壹圣

此祇林郎羅代古刹亦四聖人游化
之場也中間興廢興時無常丙申大無
一後各散僧徒復集而僅守一客亦
丙午春主人吳峰禪師重修玄吉

VI. 19세기 후반

1. 1857년 강화 정수사 불상 개금·중수발원문

　　願文
伏聞眞法無言眞佛無相何必相爲於乃直卽象而認言卽言而現理則何一
向無相爲宗也哉是以□佛囑遺像[1]度衆生□者良以□也然人功無常
三尊佛像一部神衆幀金彩渝剝故更欲重新之計行化南北鳩合村閭起始
於孟夏之小晦點眼於仲夏之初十奉安殿上紫金嚴相輝華於百億刹土矣
以此改金德功奉爲　　主上殿下壽考無量　　王妃殿下金枝永茂　大王
大妃殿下亨壽萬禩　　王大妃殿下壽山益高万至國界安寧朝野太平
之願　亦爲今此結緣大施主與隨喜同參諸檀越及於緣化所證明良工
誦呪都監別座供司六色等比丘比丘尼善男善女伏此勝緣功德現增五福當
生極樂世界究竟成佛大發願云爾
阿彌陀佛一位地藏菩薩一位躰相不圓故更爲補缺相好圓滿也
…

　　　　咸豊七年丁巳五月初十日　記

발원문

가만히 들었습니다.
참된 법은 말이 없고 참된 부처는 모양이 없습니다.
어찌 반드시 상이 필요하겠습니까.

---

1 유상 : 부처님이 자신의 조각상에게 후세에 중생의 복전이 되라고 부촉 하신 일을
　　말한다.

올바르면 곧 상이고, 언어를 알면 곧 말입니다.
이치를 나타내는 것이 어찌 하나뿐이겠습니까.
그래서 무상으로 종지를 삼는 것입니다.
이것이 비롯된 것은 부처님이 자신을 조각한 목불상에게
내가 입멸한 뒤에 중생들을 제도할 것을 부촉한 일은 좋은 본보기입니다.
그러나 사람의 공덕은 무상합니다.

삼존불상 일부와 신중탱화의 금채가 변하고 벗겨졌습니다.
다시 새로 중수하려는 계획을 세워 남북으로 재물을 위한 행화를 다니며
촌락에서 합숙하고 여염집에서 일어났습니다.
4월 29일에 일을 시작하여 5월 10일 점안하고 대웅전 상단에 봉안하였습니다.

자금색의 엄숙한 상호가 빛나서 백억 국토에 꽃이 필 듯합니다.

이렇게 개금 공덕을 받드나이다.
주상전하 수명이 무량하게 하소서.
왕비전하는 금지옥엽이 무성하게 하소서.
대왕대비전하 만복과 수명을 같이 누리시기를 발원합니다.
왕대비전하는 수명이 산같이 높으시고 이익은 만 가지가 되소서.
나라는 평안하고 태평하기를 발원합니다.
백성들도 태평하고 행복하기를 발원합니다.

또 발원합니다.
지금 불사에 인연을 맺은 대시주와 수희 동참한 여러 단월들,
화주한 인연들, 증명하신 스님, 훌륭한 장인, 송주한 스님, 도감한 스님,

별좌 스님, 공사 스님, 육색 스님 등
비구, 비구니, 선남선녀 등이 엎드려 예배 올립니다.

이 수승한 인연 공덕으로 현생에서는 오복이 증장하기를 발원합니다.
죽어서는 극락세계에 왕생하고 구경에는 성불하는 대원을 발원합니다.

아미타불 1위, 지장보살 1위입니다.

몸의 상호가 원만하지 못해서
다시 결점을 보완해서 상호가 원만하게 되었습니다.

2. 1872년 서울 반야암 목조여래좌상 중수발원문

同治十一年壬申三月初九日京畿道楊州牧地三角山奉元寺般
　若菴後 佛幀壹軸改金重修三位與獨聖幀壹軸改粉
　壹位神衆幀壹軸願文記
　夫法身無相因相現理衆生之福田如月印千江慈
　悲如水滌塵化淨諸 佛之智慧涵育萬機化主
　之信心從時檀那之種福合運欲新舊樣更結淨界
　釋迦之一會畵幀完同奔月影罷行雲又以改金慈
　容甚妙諸相畢備願此功德施者化者大小結緣咸
　登彼岸

동치 11년 임신 3월 9일
　경기도 양주목 삼각산 봉원사 반야암 후불탱화 1축과 3위를 개금 중수
하고, 독성탱화 1축과 1위의 신중과 탱화 1축을 새로 칠한 발원문기

　법신은 모양이 없지만, 상으로 인해 이치를 드러냅니다.
　중생의 복전은 달이 천강에 비추는 것과 같습니다.
　자비는 물과 같아서 번뇌를 씻어 정화합니다.
　모든 부처님의 지혜는 만물을 적셔주고 기릅니다.

　화주의 신심은 시절을 따릅니다.
　단월이 복을 심는 것도 시절 운이 합해야 합니다.
　옛것의 모습을 다시 하니 깨끗한 세계가 되었습니다.

석가여래 한 탱화를 같이 완성하였습니다.

달그림자가 빨리 가니 움직이는 구름에 훼손되었습니다.

또 새로 개금하니 자비로운 모습이 심히 묘합니다.

여러 불상 등을 준비해 마쳤습니다.

이 불사를 한 공덕으로 시주자, 화주자 등

인연을 맺은 모든 사람이 함께 피안에 오르기를 발원합니다.

3. 1878년 강화 정수사 건칠지장보살좌상 개금기록

府之南 有山曰摩尼 山之中 有寺曰淨水 刱在年久 而涵虛祖 舍利廟 尙在 檀君
聖 塹星臺² 獨存 世稱我東方 第一招提也 間有檀越之顧 殿寮重新 恍惚遙望於
江湖 雖爲騷人³之可觀 塑畫聖像 剝落金彩 是爲作福者之大病 居之者安敢不
憂 時有尸本寺 比丘尼 曰戒欣 欣也時年七十 頓發無漏之志 謂其徒弟性修尼
曰 是可爲之事 豈不爲於可爲之時乎 又與空門弟 影化隱公 爲木鴨而導之 事
巨力線 勢不易也 晝而丐 宵而歸經過三禩而至戊寅之春 更加一倍之力⁴ 金修
尊像 彩模各幀 告成點眼於當年之夏 傳燈之僉位 以力來施 國淨之諸信 以食
送饋 誠哉欣之發心 修之奉行也 若非師佐力行 隱公助護 焉能成就如是事 如
是之久而 不改初志 克有終乎 可謂人得其人 時得其時也 余雖無文 試一毫之
使可畏 以知今日施化 萬一之功云爾
光緒四年戊寅四月二十六日　　水落山人　　翠隱奉宣 謹識

부의 남쪽에 산이 있는데 마니입니다.

산중에 사찰이 있는데 정수입니다.

창건은 연대는 오래되었습니다.

함허 조사의 사리묘, 단군 성군을 제사 모시는 참성대가 홀로 있습니다.

2　참성대 : 단군 성인을 모신다. 마니산 서쪽 봉우리에 참성대가 있다.

3　소인 : 중국 초나라의 굴원이 지은 「이소부」에서 유래한 말로 시인과 문사를 말한
　다.

4　가일배지력 : 가일배법을 말한다. 송나라 때 소옹이 천지만물의 소장과 변화의 수
　리를 헤아리는데 쓴 방법이다. 하나에 하나를 더하여 둘이 되는 이치.

세상에서 말합니다.

우리 동방 제일의 나라에서 사액한 절입니다.

중간중간에 돌아보는 단월이 있어서 전각과 요사를 새로 중건하였습니다.

황홀하여 강호를 바라보며 거닐었습니다.

비록 관람하는 시인이 봐도 벽화와 성인의 상이 깎이고 금채색이 떨어졌습니다.

이것이 복을 짓는 자의 큰 병입니다.

절에 사는 사람은 감히 근심하지 않고 편안합니다.

이때 본사에 시체 같은 이가 있었습니다.

비구니가 말했습니다.

"계흔입니다. 계흔은 당시 나이가 일흔 살인데 갑자기 무루의 뜻을 가지고 발심하였습니다."

그 무리의 제자 성수 비구니가 말했습니다.

"이것이 가히 할 수 있는 일입니까. 어찌 가히 할 수 있는 때가 되어도 하지 못하는 일입니다."

또 공문의 제자인 영화 은공이 "나무로 만든 오리가 그를 인도한 일처럼 큰 힘이 있는 세력에 줄이 있으면 쉽지 않겠습니까."

낮에 구걸하고 밤에 돌아오기를 3년이 경과하였습니다.

무인년 봄에 이르러 다시 하나에 하나를 더 보태는 힘으로 금으로 존상을 수리하였습니다.

채색은 각 탱화에서 본을 떠서 그렸습니다.
완성을 고하고, 그해 여름에 점안하여 여러분을 전등사에 모셨습니다.
이런 힘으로 보시가 온 것은 나라의 여러 신심 있는 깨끗한 신도 때문입니다.

이 음식을 궤짝에 담아 보낸 정성이여,
기쁘게 발심하여서 수행을 받들어 행하겠습니다.
만약 스님이 아니면 힘을 도와 실행하겠습니까.
은공이 보호하고 도왔기 때문에 능히 이와 같은 일을 성취한 것입니다.
이와 같이 오래되어도 초심을 바꾸지 않고 이겨내어 완전히 끝을 맺었습니다.

가히 이룹니다.
사람이 그 사람을 얻은 것입니다.
시절이 그 시절을 얻은 것입니다.
나는 비록 문장이 없지만, 그 작은 실력을 시험 삼아 발원문을 씁니다.
가히 두렵지만 순종해서 쓰는 것은
지금의 일은 시주와 화주의 만 분지 일의 공이라는 것을 알기 때문입니다.

광서 4년 무인 4월 26일
수락산인 취은 봉선 삼가 씁니다.

4. 1880년 강화 전등사 목조지장보살삼존상과 시왕상 개채기록

佛國之有十王 其位冥冥 其靈昭昭 人之所 必信而人之所不見者也 然 非神 無
以宣 世尊之敎 非像 無以解 愚夫
之惑 故 名山巨刹 必塑其像而尊奉之 使善男善女 各言生甲之所管 而目覩如
在之位 頂祝無數之誠 實爲
勸善懲惡之法門也 惟我沁都⁵之山 鼎足爲最 傳燈又爲千年古寺也 舊有十王塑
像 敬奉惟勤 靈現屢應 而歲
月浸久 塵埃埋沒 仰靈光而發嗟 想精彩而彌晦 於是本寺化主 孝月堂柔談 與
諸比丘 廣求檀越 謀所以改
彩告厥成事 遂大會 設齋擊鼓鳴鍾 還 安于 大雄殿之兩廡 法儀煒燁 寶花繁衍
深邃而窈廓 肅淸而嚴威 儼然人
間之地府也 聞之者 皆欲發願 見之者 莫不起敬 是知衆善奉行 諸惡莫作 其在
斯乎
其在斯乎因爲之偈曰
世尊在上十王居下世尊何言十王資化 其舊維新在沁之陽明ヽ赫ヽ厥德彌彰
聖上卽位十七年庚辰二月 日 淸溪 洪瑠燮 詩

극락정토에 시왕이 있는데, 그 위의가 아득하고 그윽합니다.
그 의식은 사리가 뚜렷하고 밝습니다.
사람이 사는 곳에는 반드시 믿음이 있습니다.

---

5 심도 : 강도, 강화도의 다른 말.

사람이 없는 곳에서는 볼 수 없습니다.
그러나 신이 아니면 베풀 수가 없습니다.
세존의 교리에서는 형상이 아니며 해탈하면 공(無)입니다.
어리석은 범부가 미혹한 것입니다.

그러므로 명산의 거찰은 반드시 그 소상으로 만든 그 조상을 받드는 것입니다.
선남선녀로 하여금 각각의 태어난 갑자의 주관하는 그 존재가 있는 것을 두 눈으로 본 것처럼 말합니다.
이마를 땅에 대고 축원하는 정성을 싫어하지 않아야 진실로 권선징악의 법문입니다.

내가 오롯이 생각해보면, 강화도의 산은 정족산이고 전등사가 최고인데 또 천년고찰입니다.
옛날에 시왕 소상이 있었는데 공경히 받들었습니다.
오직 부지런히 기도하면 영험이 나타나고 자주 응답하였습니다.
세월이 점점 오래되어서 티끌이 되어 파묻었습니다.

영롱한 채색을 우러러보며 탄식했습니다.
정밀했던 채색을 생각하니 더욱 어둡게 보입니다.
이에 본사의 화주 효월당 유담과 여러 비구 등이
널리 단월에게 재물을 구하여 모처에서 채색을 고쳤습니다.
그 일을 완성하고 부처님과 대중에게 고하였습니다.

드디어 큰 법회의 재를 베풀어 북을 두드리고 종을 울리면서 이운하여 대웅전 양쪽에 봉안하였습니다.

법식의 기운이 왕성하고 빛나고 보배 연꽃이 무성하게 넘쳐흐릅니다.
고요한 둘레는 깊고 그윽합니다.
엄숙한 위의는 주변을 맑게 하지만 엄연히 인간의 지옥부입니다.
그 소리를 듣는 자는 모두 발원을 하게 합니다.
그것을 본 자는 공경심이 일어나지 않을 수 없습니다.
이것을 알면 모든 선행을 받들어 행하고 모든 악을 짓지 않습니다.
그래서 이것이 존재하는 것이고, 이것을 모두 갖추고 있는 것입니다.

원인이 되는 게송으로 말합니다.
세존은 위에 있고, 시왕은 아래에 머무릅니다.
세존이 시왕에게 사람의 본성을 교화하라고 하셨습니다.
그 옛것을 새롭게 하려면 밝은 것이 마음 속에 스며들어야 합니다.
뚜렷하게 밝고 광채가 빛나는 그 덕은 더욱 드러날 것입니다.

성상 즉위 17년 경진 2월 일 청계 홍진섭 시를 지었습니다.

5. 1883년 공주 동학사 목조석가여래삼불좌상
개금·중수발원문

1. 개금·중수발원문(약사여래)

忠淸右道公州鷄龍山東鶴寺大雄殿三尊佛像東方藥師如來改金重修奉安願文
光緖九年癸未正月二十一日遺敎弟子時會大衆老少比丘大小檀越助緣良工䓁共
發虔誠嚴
淨道改金重修謹恭奉安伏願奉安之後 國祚如盤石永固千年寺運若長江流注
無窮兼此大小結緣隨喜同參者生ゝ世ゝ在ゝ處ゝ常逢 諸佛恒修善業速成佛果
廣度一切同登解脫共入涅槃

　충청우도 공주 계룡산 동학사 대웅전 삼존불상 약사여래
　개금 중수 봉안 발원문

　광서 9년 계미 1월 21일
　부처님 열반 후 가르침을 받는 제자와
　이 모임의 대중인 늙고 젊은 비구, 모든 단월, 도운 인연,
　훌륭한 장인 등이 함께 경건한 마음과 지극한 정성으로 발원합니다.

　도량을 엄숙하고 깨끗하게 하고 개금 중수를 삼가 공경히 봉안합니다.

　엎드려 발원합니다.
　봉안한 후에는 국운이 반석과 같아서 영원히 천 번을 군건해지게 하소서.
　사찰의 운세는 긴 강과 같아서 물의 흐름이 끝이 없기를 발원합니다.

이 불사를 위해 모든 인연을 맺은 사람, 기쁘게 동참한 사람들이
태어날 때마다, 태어나는 세상마다, 태어나서 살 때마다, 사는 곳마다
항상 만나기를 발원합니다.

모든 부처님의 선업을 항상 닦아서 속히 불과를 성취하기를 발원합니다.
널리 일체중생을 제도하여 함께 해탈하여 피안에 오르기를 발원합니다.
함께 열반에 들어서 극락세계 구품연대에 왕생하길 발원합니다.

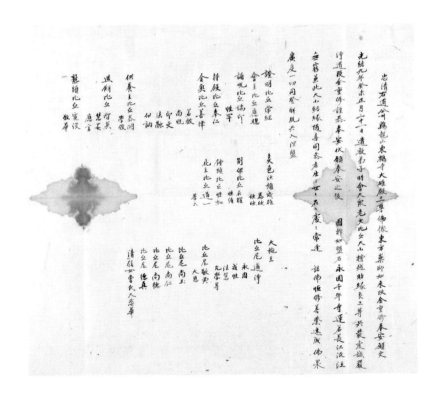

2. 개금·중수발원문(아미타여래)

忠清右道公州鷄龍山東鶴寺大雄殿阿彌陀佛聖像改金重修奉安願文

光緒九年癸未正月二十一日　遺教弟子時會大衆老少比丘大小檀越助緣良工
化士別座等共發誠心嚴淨道場

改金重修謹恭奉安伏願奉安之後　國祚如盤石永固千萬年寺運若大河長流注
無窮然後願大小結緣隨

喜同參者生ゝ世ゝ在ゝ處ゝ常逢　諸佛恒修善業速成佛果廣度一切同登解脫
共入涅槃往生蓮垈九品之大願矣

證明比丘　　常經　炙色沙彌　戒雄　　　　　　大施主秩

충청우도 공주 계룡산 동학사 대웅전 아미타불상 개금 중수 봉안 발원문

광서 9년 계미 1월 21일

부처님이 돌아가신 후의 제자와 이 모임의 대중인 노소 비구, 모든 단
월, 도와준 인연,

훌륭한 장인, 화주, 별좌 등이 함께 지극한 마음으로 발원합니다.

도량을 엄숙히 하고 깨끗하게 해서 개금 중수하고 삼가 공경히 봉안합
니다.

엎드려 발원합니다.

봉안한 이후부터는 국운이 반석과 같이 천만년토록 영원히 굳건하길 발
원합니다.

사찰의 운세는 대하와 같이 멈추지 않고 흘러서 무궁하길 발원합니다.

그런 후에 또 발원하나이다.

이 불사에 모든 인연을 맺은 사람, 기쁘게 동참한 사람들이

태어날 때마다, 나는 세상마다, 태어나서 살 때마다, 사는 곳마다

항상 만나기를 발원합니다.

모든 부처님의 선업을 항상 닦아 속히 불과를 성취하기를 발원합니다.

널리 일체중생을 제도하여 함께 해탈의 피안에 오르기는 발원합니다.

함께 열반에 들어 극락세계의 구품연대에 왕생하길 발원합니다.

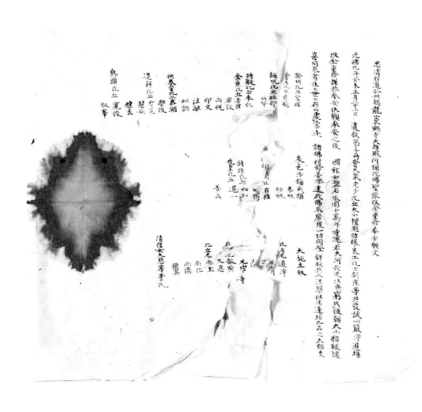

6. 1884년 강화 전등사 목조지장보살삼존상과 시왕 개금·개채기록

1. 사적기 - 전등사지장개금시왕각부탱화불사기
(傳燈寺地藏改金十王各部幀畫佛事記)

余嘗聞也 以仁施之者 化及於其方 以財施之者 福流於其後 誠哉斯言也 今玆
地藏尊像改金 與十王各部幀畫佛事之際 施財同叅檀越 現存者 同入福海 後往
者 同登佛果 是祝
  歲在甲申暮春 萬應一裕 謹誌
...

전등사 지장 개금, 시왕 각부 탱화 불사기

내가 일찍이 들었다.
어질게 베푸는 것은 도리로 교화하는 것이다.
재물로써 베푸는 것은 그 후에 복이 흐른다.
이 말은 진실이다.

지금 지존존상을 개금하고 시왕 각부의 탱화 불사를 끝냈다.
재물을 시주하고 동참한 단원들이 현재 세상에 함께 복의 바다에 들어
가고,
뒤에 왕생해서는 함께 불과에 오르기를 발원합니다.

이렇게 축원합니다.

갑신년 3월 만응 일유 삼가 적다.

2. 현판 - 정족산전등사지장개금시왕각부탱화불사단월록서

鼎足山傳燈寺地藏改金十王各部幀畵佛事檀越錄序
余嘗聞也以仁施之者化及於其方以財施之者福流於
其後愼哉斯言也然則今玆 地藏尊像改金與十
王各部幀畵佛事之際施財而同參檀越以此善緣功
德現存者同入福海後往者共證佛果爲
…
歲在甲申暮春之初萬應堂一祐謹稿
願以此功德□□□者生前受福後往淨土之大
發願然後願俱成正覺摩訶般若波羅密

정족산 전등사 지장 개금, 시왕 각부 탱화 불사 단월록 서

제가 일찍이 들었습니다.
인으로 베푸는 것은 도리로 교화하는 것입니다.
재물로 베푸는 것은 그 후에 복이 흐릅니다.
이 말은 진실입니다.

그러므로 지금 지장존상을 개금하고
시왕 각부의 탱화 불사를 끝마쳤습니다.

재물을 보시하고 동참한 단월들이
이 좋은 인연 공덕으로
현생에서는 복의 바다에 들어가고
뒤에는 함께 왕생극락하며
함께 불과를 증득하기를 발원합니다.

갑신년 늦봄에 만응당 일유 삼가 원고를 씁니다.

이 불사 인연 공덕으로 발원 동참한 사람들이 살아서는 복을 받고, 죽은 후에는 정토에 왕생하기를 발원합니다.
모든 이들이 정각을 성취하기를 발원합니다.
마하반야바라밀

VII. 20세기 전반

1. 1905년 강화 정수사 불상 개금기록

往歲 余讀書于淨水寺 寺爲女僧所居 殘貧居僧 僅六七人 瓮罌瓶鉢 相錯於前
其細瑣艱難 甚於閭里 隔空每聞 僧徒聚首喃喃 齷齪不堪聞 然 其所語 皆擬議
寺務 其曰某事 可用人力若干 某事 可費米穀若干 某事可計金錢若干 余默計
之 可 累巨萬 余心竊笑之曰 寺貧甚 此 寡弱女子 顧安能辦此 及余歸 僧淨一
具告 其意曰 事成願有記也 余泛應曰諾 粤明年 佛殿修改 又明年 重修方丈 既
而建山神堂 改金佛像 亦能次第告成 曰 是皆修 宜有記 余爲之太息曰 凡 天下
之事 患人不爲耳 苟其意專志切 天下無 不可爲之事 余於 寺僧見之矣 嗚呼 男
子而不及女子 士大夫而不及僧尼 國家而不及寺刹 非常理也 而意不及 何哉
其 智謀勢力 皆足以過之而其卒苦窳不可救則曰 是不可爲也 曷嘗見 專其意
切其志 如僧尼之於寺事者乎 何彼之所能而此之不能也 曾子固所謂 彼之所以
盛 此之所以衰 嗚呼 彼曷嘗沮此之爲耶 余 深有所感焉
光武九年乙巳仲秋節 耕齋居士 李建昇 記

정수사 불상 개금 공덕기

예전에 제가 정수사에 가서 독서하였습니다.
그 절은 여승이 사는 곳이었습니다.
죽도록 가난한 승려 6~7명이 근근이 살아가고 있었습니다.
물항아리, 오지항아리, 병, 발우 등이 있었습니다.
전부터 있던 낡은 자물쇠는 서로 어긋나서 맞지 않았습니다.
괴롭고 고생스러운 가난은 마을보다 심했습니다.
쉬는 사이에 매번 물어도 대답하지 않고 피했습니다.
승려들이 서로 머리를 맞대고 앉아 알아들을 수 없는 말로 악따구니를

하며 말하는지라 감히 물을 수가 없었습니다.

그러나 그 싸우는 듯한 말도 다 사찰의 업무를 의논하여 결정하는 일이 었습니다.

그것에 대하여 말하자면,

"어떤 일에 대하며 인력을 약간 쓸 것인가, 어떤 일에 비용과 곡식을 약간 쓸 것인가, 어떤 일에 약간의 금전을 쓸 계획인가." 등이었습니다.

제가 묵묵히 그것을 계산하여도 썩 많은 액수였습니다.

제가 마음속으로 그것을 웃으며 생각했습니다.

"사찰이 심히 빈곤하구나. 저렇게 약해 보이는 여자들이 어떻게 이것을 능히 마련할 수 있겠는가." 하였습니다.

내가 돌아 오니, 정일이 예를 갖추어 말했습니다.

"불사를 이루는 것은 발원과 기록에 있습니다."

제가 "네," 하고 권선문을 써주었습니다.

이듬해에 불전을 고쳐서 수리하고, 또 이듬해에 방장을 중수하고, 바로 산신당을 건립하였고, 불상도 개금하였습니다.

다 차례에 따라 완성을 아뢰고 말했습니다.

"이것을 다 중수하게 된 것은 모두 권선문 때문입니다." 하였습니다.

제가 그 말에 한숨을 쉬며 말했습니다.

"무릇 천하의 일을 사람이 못할까 근심하지 않습니다.

진실로 그 뜻을 오로지 하고 그 의지가 간절하면 천하에 하지 못할 일이 없을 것입니다." 하였습니다.

제가 저 사찰에서 여승들을 보면서 생각했습니다.

"아! 남자인 나도 여자에게 미치지 못하고, 사대부인 나도 여승보다 못하며, 국가를 위한 일도 사찰의 경영보다 못하다."고 생각했습니다. 이는 상식적인 일인데도 그 뜻이 미치지 않았기 때문입니다.

그 지혜의 힘이라면 모든 과정을 헤쳐나갈 수 있습니다.
그 죽을 고생한 얼굴을 찡그리는 것을 고치지 않는 것은 왜입니까.
"이것은 못 한다."는 단정 때문입니다.

어찌 일찍이 본적이 있었던가.
오롯한 그 뜻과 간절한 그 의지로 저 여승들이 사찰의 일을 해낸 것이다.
어찌 저들이 사찰에서 능히 할 수 있는 것을 사회에서는 능히 하지 못하는가?

증자도 완고함을 말했습니다.

"저들의 왕성한데 이들은 쇠약하다."고 했습니다.

아! 저들이 어찌 이들을 막아서 그렇게 했겠는가.

내가 깊이 느끼는 바가 있었습니다.

광무 9년 을사 8월 일 경제 거사 이건승이 썼습니다.

2. 1906년 울진 불영사 석조관음보살좌상 개금발원문

觀音佛

此佛像之非身現身適未知其年代甲子而但观願文嘉慶十一年丙寅六月
改服云亦未知其幾番重新也今此化士願力至重光武十年丙午九秋末各
畵貟以作佛事則實是靈山之勝會也 應真殿二十三位彌陁像一位观音像二位獨
聖像二位義湘祖師一位合二十九位改粉改彩改金新成也而又靈山後佛幀一軸
七星幀一軸八部幀一軸合三軸新畵成願文
願以此功德自徒今身至佛身堅持禁戒不毁犯世世常逢三寶善知識
一言之下悟無生忍常聞正法受持不忘處處道塲常作法師廣開人天眼目
三世無雙世世常行菩薩道摩訶般若婆羅密

관음불

이 불상은 몸이 아니라 화신인데, 그 조성연대를 알 수 없습니다.
다만 발원문을 살펴보니, 가경 11년(1806) 병인 6월에 부처님의 복장을 열고 새로 넣었다고 합니다. 그 후로 몇 번을 중수했는지는 알 수 없습니다.

지금 화사(化土)의 원력이 지극히 중요합니다.

광무 10년(1906) 병오 9월 말에 각각의 화원들이 불사를 일으켰습니다. 곧 이 영산회상의 수승한 모임입니다. 응진전 23위, 아미타상 1위, 관음상 2위, 독성상 2위, 의상조사상 1위 등 도합 29위에 대하여 채색을 바꾸고 금칠을 다시 입혀서 새롭게 만들었습니다.

또 영산전의 후불탱화 1축, 칠성탱 1축, 팔부탱 1축 도합 3축을 새롭게 그려서 발원문을 완성하였습니다.

원하건대 이 공덕으로써, 지금으로부터 불신에 이르기까지 금계(禁戒)를 굳게 지켜서 훼손하거나 범하지 않아서 세세생생 항상 삼보를 만나기를 발원합니다.

선지식(善知識)의 한마디에 무생법인을 깨닫고, 정법을 듣고, 지키면서 잊지 않으면 곳곳이 도량이고 항상 법사가 되는 것입니다.

널리 인천의 안목을 열어주어서 삼세를 모두 초월해서 세세생생 항상 보살도를 실천하겠습니다.

마하반야바라밀.

此佛儀之非身現身適未知其年代甲子而但觀顧文嘉慶十年丙寅六有

改服云亦未知其幾番重新也今此化士願力至重光武十年丙午九秋末名

畫貢以佛事則實是雲山勝會也應真殿二十三位彌陁像一位觀音像二位獨

聖像二位義湘祖師一位合二十九位改粉改彩改金新成也而又雲山後佛幀一軸

七星幀一軸八部幀一軸合三軸新畫成願文

願以此功德自從令身至佛身堅持禁戒不毀犯立立常逢三寶善知識

一言之下悟無生忍常聞正法受持不忘慶之道場常作法師廣開人天眼目

三世無難起之常行菩薩道摩訶般若婆羅蜜

證明比丘　　有一　音觀
　　　　慧日　　在修

誦呪比丘　奉葉　法元

金魚比丘　鳳麟　敬演
　　　明照　德玄

六色
　　尚天
　　斗頌
　　德進
　　應照

供司比丘　尚天
　　圓照　圓白　性咸
　　　　　　　　斗元

持殿監　　應和　正悟

都監比丘　地排朴後始

奉茶　　德三　　別座比丘
　　　寶徽　智明

鐘頭

淨桶　月柱　化主比丘
　　　　奉恩

貢木朴完九

3. 1906년 울진 불영사 응진전 불상 대중 원문

大衆願文

佛聖雖靈 時運不刷 堯舜雖聖 後事不必也 十六聖象 願力
最勝 不入涅槃 百億利中 廣化群迷 豈不能保一間蘭若 豈
無能顧自身之策 然而我此佛法 永不念自爲身謀 但以利
他爲主 則只聖作福結緣者 是也 況此寺幾至空墟之境者久
矣 雪雲禪師 忽然到此 一一修補之中 十六聖像與法宇俱毀 故
寤寐不忘 幸作佛事 四方知識 雲集道場 一堂俱順可謂三緣
付合者此也 豈非化士之願力 亦豈非衆聖之神力哉 歲次卽
聖上卽位之四十三年 丙午 菊秋 則返本還源之嘉節也 願此同參
結緣 隨嘉功德 億劫多生同爲法侶 一切病苦 一切魔障 永爲消滅
大信根堅固 大念志增長 大疑團獨露 宋無間斷仗 諸佛加被
遇 善知識 一言之下 頓忘生死 悟證無上正等 菩提續佛慧命
然後演說正法 廣化群迷 如佛度一切 世世同修普賢道 摩訶
般若波羅蜜 時會大衆 至心奉祝
大皇帝陛下壬子生李氏 聖躬 安寧 龍樓 萬歲
光武十年丙午九月日

대중원문

성인이신 부처님이 비록 영험하나 시운은 어길 수 없습니다. 요순이 비
록 성스러우나 뒤에 일은 전혀 알 수 없습니다.

십육성상의 원력이 가장 빼어난데 열반에는 들어가지 아니하고, 백억의 국토 가운데 널리 수많은 어리석은 사람들을 교화합니다.

어찌 한 칸의 절을 보호하지 못하며,

어찌 자신을 돌아보는 계책이 없겠습니까.

그러나 우리 불법은 영원히 자신의 한 몸을 도모하는 것을 생각하지 않습니다. 다만 다른 사람을 이롭게 하는 행위를 위주로 하면서, 단지 성인이 되기 위한 복을 짓는 인연을 맺는다는 것이 이것입니다.

하물며 이 사찰은 거의 공허한 지경에 이른지가 오래되었습니다.

설운 선사가 이 절에 와서 하나하나 보수하던 중 십육성상과 법우 등이 모두 훼손되었기 때문에 오매불망하면서 불사를 일으키기를 희망하였습니다. 그러자 사방의 선지식들이 구름처럼 모여들었습니다. 도량의 일당(一堂)은 모두 순조롭게 갖추어졌습니다. 세 가지 인연이 부합한 것이라고 하는 것이 이것입니다. 어찌 화사(化士)의 원력이 아니고 또 어찌 중성(衆聖)의 신통력이 아니었다고 할 수 있겠습니까.

이때는 곧 성상이 즉위하신 지 43년(1906) 병오의 국화꽃 피는 9월, 근본을 돌이켜 근원으로 돌아가는 아름다운 시절입니다.

원하건대, 여기에 동참하여 인연을 맺은 사람들의 수희 공덕은 수억 겁의 세상에서 도반이 되어서 일체의 고통과 일체의 마장 장애가 영원히 소멸하기를 발원합니다.

대신근(大信根)이 견고해지고, 대염지(大念志)가 증장하고, 대의단(大疑團)이 성성하고, 한순간도 끊어지지 않기를 발원합니다.

모든 부처의 가피를 입고, 선지식을 만나서 일언 지하에 생사를 잊어서 비교할 수 없는 최고(無上正等)의 진리를 깨닫기를 발원합니다.

부처님의 혜명(慧命)을 이은 후에 정법을 연설하여 널리 모든 어리석은 중생들을 교화하기를 부처님이 일체를 제도하셨듯이 세세생생 보현행을 같이 닦기를 발원합니다.

마하반야바라밀.

당시 모인 대중이 지극한 마음으로 축원을 올립니다.

대황제폐하이신 임자생 이씨의 성궁이 안녕하여 용루가 만세토록 무궁하소서.

광무 10년(1906) 병오 9월 일

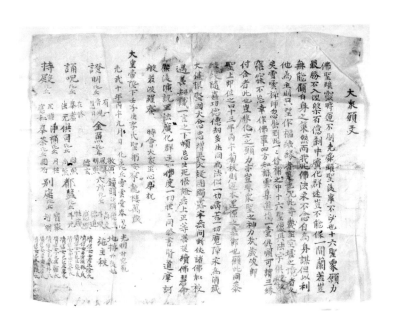

4. 1907년 제천 경은사 목조문수보살좌상 개금발원문

伏以尋聲救苦應念與安隨處自在逗機□□廣大靈通
聖□神通妙用大悲大慈至上至尊大聖觀世音菩薩□□薩聞
聲空時妙無比思修頓入三摩地無緣慈力赴群慧明月影
監千澗水今此小第子比丘意悅仰蒙大聖者哀憫憫攝授之
力蕩滌累劫之塵垢消滅一生之罪業見聞隨喜助緣良工
亦復如是

...

大韓光武十一年丁未四月初八日

엎드려 발원합니다.

부르는 음성을 찾아 고통을 구제하시고, 마음에 응답해 편안하게 해주
십니다.
어느 곳에 있어서도 신통자재 하시며 근기에 따라 머무시나이다.
널리 크게 영통 하시고 성인의 자재하신 묘용이 있나이다.
대비와 대원으로 지극히 높고 지극히 존귀하신 대성관세음보살님!
보살님이 소리를 들으심은 시공을 초월합니다.
신묘함은 생각으로 비교해서 알 수 없나이다.
문득 삼마지의 선정에 들어 연이 없는 자비의 힘으로 중생들에게 나아
갑니다.
지혜의 밝은 달은 천 개의 강에서 볼 수 있습니다.

지금 제자 의열이 대성자를 우러러보나이다.
가엾고 불쌍히 여기는 힘으로 받아주셔서 보호해 주소서.
무수 겁의 번뇌 망상을 씻어 주소서.
일생의 죄업을 소멸시켜주소서.

보고 듣고 기쁘게 동참하고, 도와준 인연들, 훌륭한 장인들 등도
또다시 이와 같기를 발원하나이다.

대한 광무 11년 정미 4월 8일.

5. 1916년 강화 정수사 불상 개금기록

當寺住持比丘尼淨一 與其眷屬應澤等 誠信事佛 利他方便 爲其任者也 朝暮焚
修之際 悲嘆佛像脫金 神幀渝色 京城府 貴族夫人 朴氏淸淨行前 諄諄勸化 將
金巨額 當寺諸尼 自願發心 各出若干金錢 轉勸境內檀越 募緣鳩財 所賴佛事
圓滿成就 佛光重明 聖像益新 可謂善根因緣 具足成就 如是福德因緣 若非文
詞 不能示後故 同參施主芳啣 列錄于左云
大正五年八月二十日 古靈山人 玩史 謹識

이 절의 주지는 비구니 정일과
그 권속 음택 등이 지극한 신심으로 부처님을 섬기면서
남도 이로운 방편을 베푸는 적임자입니다.
아침저녁으로 분향하고 수행할 때 불상의 금이 벗겨진 것과
신중탱화의 색이 변한 것을 한탄하였습니다.

경성부 귀족 부인 박청정행 앞에 정성스럽게 화주를 권하였습니다.
장차 거액의 돈을 보시하였습니다.
당사의 모든 비구니가 스스로 발심하여 발원하였습니다.
각자 약간의 금전을 내었고, 경내의 단월 집을 돌면서 권선하여 재물을
모았습니다.
남의 덕을 입어 불사를 원만히 성취하였습니다.

부처님 광명은 거듭 밝고, 성상은 더욱 새로워졌습니다.
가히 선근 인연을 갖추어서 성취하였습니다.

이와 같은 복덕 인연을 만약 문사가 아니면
후세에 보이는 것이 가능하지 않을 것입니다.
동참 시주한 방함을 나열해서 왼쪽에 기록합니다.

대정 5년 8월 20일 고령산인 완사 삼가 지었습니다.